西昌学院2020年度"两高"人才科研支持计划项

Research on the Spatial Effect of
Transportation Network and
Urbanization on County Economic Growth in Southwest China

交通网络、城镇化
对西南地区县域经济增长的空间效应研究

唐正霞◎著

经济管理出版社
ECONOMY & MANAGEMENT PUBLISHING HOUSE

图书在版编目（CIP）数据

交通网络、城镇化对西南地区县域经济增长的空间效应研究/唐正霞著．—北京：经济管理出版社，2021.3

ISBN 978 - 7 - 5096 - 7906 - 7

Ⅰ.①交… Ⅱ.①唐… Ⅲ.①交通网—作用—县级经济—经济增长—研究—西南地区②城市化—作用—县级经济—经济增长—研究—西南地区 Ⅳ.①F127.7

中国版本图书馆 CIP 数据核字（2021）第 062644 号

组稿编辑：申桂萍

责任编辑：赵亚荣

责任印制：黄章平

责任校对：王纪慧

出版发行：经济管理出版社
　　　　　（北京市海淀区北蜂窝 8 号中雅大厦 A 座 11 层　100038）

网　　址：www. E - mp. com. cn

电　　话：（010）51915602

印　　刷：唐山昊达印刷有限公司

经　　销：新华书店

开　　本：720mm × 1000mm/16

印　　张：10.75

字　　数：186 千字

版　　次：2021 年 3 月第 1 版　　2021 年 3 月第 1 次印刷

书　　号：ISBN 978 - 7 - 5096 - 7906 - 7

定　　价：58.00 元

序

    健全而便捷的交通网络是区域经济发展的必要条件，也是实现区域协作和要素流动的重要载体。在国家扶贫开发政策的支持下，西南地区的交通基础设施得到了很大的提升，但是由于区位条件、公路等级、交通方式等原因县域之间不平衡的问题比较突出，与东部地区的差距更是非常明显。唐正霞博士在对西南地区的研究中也发现，交通越不发达的县域城镇化率越低，而城镇化率越低的县域人均收入越低。

    西南地区面积占全国的 11.6%，2016 年 GDP 总量仅占全国 GDP 总量的 9.47%，其经济占比与面积占比明显失衡。就当前来看，西南地区发展必须要解决两个重要约束：一是交通网络约束。交通是影响西南地区经济发展的重要问题，总体来看西南地区的交通网络仍滞后于其他地区。二是城镇化与县域经济发展不够。从空间特征上来看，西南地区城镇化水平高的地区，交通网络密度较高，经济发展也相应较好，在空间上呈现出集聚现象；而城镇化水平低的地区，交通网络密度低，经济发展能力有限。

    县域经济在国民经济体系中占有重要地位，起着承上启下、连接城乡的作用。自党的十六大报告中正式将壮大县域经济作为国家经济建设的战略以来，县域经济发展成为党和国家经济体制改革的重要内容和关注的焦点之一，国家已经连续几次在规划中强调了县域经济发展的重要性。而交通是县域经济发展的先行条件，经济发展会带动交通建设的需求，西南地区县域经济发展需要交通的支撑；城镇化是县域经济增长的动力之一，西南地区长期发展滞后，更需要城镇化作为动力，拓展经济增长空间，促进区域发展。

    基于以上背景和研究意义，唐正霞博士运用空间计量方法、社会网络分析法、空间探索法等方法，从交通网络、城镇化等角度对西南地区县域经济发展进行系统研究，并得出了颇有启示性的结论。具体来说，首先，在"流空间"和空间网络结构理论下，明确了交通网络、城镇化与县域经济增长三者的关系，构建了"交通网络—城镇化—经济增长"的分析框架，从空间关系视角对交通网络和城镇化共同促进经济增长的作用机制进行系统分析。其次，结合西南地区交通网络、城镇化及县域经济发展现状，分析了三者在空间上的分布和耦合特征。最后，以西南地区 436 个县域为样本，实证检验县域经济在空间上的集聚和异质性特征，以及交通网络、城镇化在县域经济发展中的空间效应，探索西南地区县域经济发展的对策。

唐正霞博士是从阿坝藏族羌族自治州大山中走出来的少数民族学生，并有志于毕业后回到西部地区工作，推动家乡的教育与发展，我对她的选择极为支持。正因如此，我们一开始就把西部地区的城镇化问题纳入她博士学位论文的考虑范畴，随着讨论的逐步深入，进一步综合考虑了县域经济等问题。本书就是她克服诸多困难，拼搏数年的研究成果。该书在综述国内外县域经济、城镇化、交通网络等理论研究的基础上，遵循区域经济学研究范式，以我国西南地区为研究范围，运用空间计量方法、社会网络分析法、空间探索法等方法，紧紧围绕问题提出—作用机理—规律探索—实证分析—基本结论—对策建议的研究思路，对其县域经济增长的空间效应进行理论探讨和实证分析。

西南地区的经济发展是一篇大文章，需要各方面的共同努力。本书也只是西南地区发展这篇大文章中的一小部分，也难免会出现一些疏漏之处。但瑕不掩瑜，期望唐正霞博士的著作能够对推动西南地区的城镇化进程及县域经济发展起到一定的参考作用。也希望唐正霞同志继续在西部地区努力耕耘，一方面继续在科研上积极探索，立足西南大地聚焦区域与产业发展研究，把论文写在家乡大地上，为家乡的经济发展出力；另一方面在教师岗位上努力培养出更多像她这样的少数民族优秀人才，"众人拾柴火焰高"，人才培育和集聚会进一步推动西南地区的发展，形成人才促进发展、发展集聚人才的良性循环。

戴宏伟

中央财经大学教授/博士生导师

2021 年 2 月于北京

前　言

与其他地区相比，西南地区发展总体上仍然滞后，县域间经济发展不平衡。西南地区国土面积占全国的 11.6%，2016 年 GDP 总量仅占全国 GDP 总量的 9.47%。地形地貌条件决定了该地区人口居住分散，市场化程度不高，城镇化率低。2016 年，全国城镇化水平达到 57.35%，而西南地区平均城镇化水平为 49.1%，低于全国平均水平约 8 个百分点，与发达的东部地区相比差距更大。交通也是影响西南地区发展的重要问题，"蜀道之难，难于上青天"正是描述了古代大西南交通闭塞的情况。就目前来看，西南地区的交通网仍滞后于其他地区。近年来，随着新一轮西部大开发战略、"一带一路"倡议、长江经济带战略及精准扶贫等政策的实施，西南地区的发展问题再次被人们关注。习近平总书记在党的十九大报告中，将新时代中国社会的主要矛盾定义为"人民日益增长的美好生活需要和不平衡不充分发展之间的矛盾"，区域均衡发展成为当前解决矛盾的措施之一。从中长期发展角度看，西南地区是全面建成小康社会的关键区域，西南地区县域经济增长是拉动内需、促进城乡经济结构转变、提高资源配置效率的主要途径，其发展对于我国实现区域协调发展、解决不平衡不充分发展问题有着非常重要的意义。

县域经济在国民经济体系中占有重要地位，起着承上启下、连接城乡的作用。自党的十六大报告中正式将壮大县域经济作为国家经济建设的战略以来，县域经济发展成为党和国家经济体制改革的重要内容和关注的焦点之一，国家已经连续几次在规划中强调了县域经济发展的重要性。交通是县域经济发展的先行条件，经济发展会带动交通建设的需求，西南地区县域经济发展需要交通的支撑。城镇化是县域经济增长的动力之一。《国家新型城镇化规划（2014—2020 年）》的出台，强调了城镇化在新时期经济发展中的作用，西南地区长期发展滞后，更需要城镇化作为动力，拓展经济增长空间，促进区域发展。

基于以上背景和研究意义，本书运用空间计量方法、社会网络分析法、空间探索法等方法分析了西南地区县域经济增长问题。首先，在"流空间"和空间网络结构理论下，明确了交通网络、城镇化与县域经济增长三者的关系，构建了"交通网络—城镇化—经济增长"的分析框架，从空间关系视角对交通网络和城镇化共同促进经济增长的作用机制进行了系统分析。其次，结合西南地区交通网络、城镇化及县域经济发展现状，分析了三者在空间上的分布和耦合特征。最后，以西南地区436个县域为样本，实证检验了县域经济在空间上的集聚和异质性特征，以及交通网络、城镇化在县域经济发展中的空间效应，探索西南地区县域经济发展的对策。

通过研究，本书得出以下四点主要结论：

第一，在"流空间"视角下，"交通网络—城镇化—经济增长"的作用机制可以实现，以崔万田等（2018）提出的城镇化对经济增长的作用模型为基础，本书认为区域之间在"流空间"中会相互作用，并产生一定的效用，而交通网络是相互作用的主要载体，因此将交通网络产生的效用通过劳动力流动模型加入生产函数进行推导，得出结论：一是城镇化与经济呈倒"U"形关系，并且城镇化水平受到交通网络和其他地区城镇化水平的影响；二是其他地区城镇化对本地的经济影响主要取决于地理函数，与两地的距离和网络系数相关；三是网络系数对本地区经济的影响是递增的指数关系。

第二，西南地区交通网络、城镇化与县域经济存在空间耦合特征。三者的特征椭圆在空间上重合面积较大，空间分布和演变存在相似的特征。三者发展水平越高的地区，耦合协调度越高，这些县域位于椭圆内，主要分布于省会城市附近；三者发展水平较低的县域，耦合协调度较低，这些县域位于椭圆外，主要分布于边缘区或交界区。

第三，通过空间杜宾模型发现，西南地区县域经济增长存在显著空间溢出效应，交通网络权重下空间溢出效应最显著。西南地区交通网络对县域经济增长的作用为负；城镇化与经济增长之间存在倒"U"形关系；劳动力投入、产业结构、资金投入、政府干预对西南地区经济增长有促进作用，且交通网络和城镇化对经济增长的影响存在交互作用。

第四，通过运用地理加权回归模型发现，西南地区交通网络和城镇化对区域之间经济影响的异质性也比较明显。交通网络带动了发展较好地区的经济增长，抑制了发展较差地区的经济增长。城镇化对不同地区的经济影响也有很大的差别，城镇化水平低的地区，城镇化对经济影响的系数较大，城镇化水平高的地区，城镇化发展对经济的影响程度较小。

本书的创新之处主要有三点：第一，基于"流空间"和空间网络结构理论，本书构建了"交通网络—城镇化—经济增长"分析框架，通过理论推导发现，交通网络对县域经济的影响是负指数关系，受到距离的约束，城镇化与县域经济增长呈倒"U"形关系，并且城镇化对经济增长的作用受到交通网络的影响。第二，本书借鉴复杂网络分析理论和社会网络分析方法，以县域作为节点、交通基础设施作为边，构建了西南地区县域间的交通网络，对县域层次体系进行量化分析，并将交通网络权重加入空间计量模型中，与邻接权重和距离权重回归结果进行对比分析，发现交通网络权重下县域间经济增长的空间溢出效应更显著。第三，本书对交通网络、城镇化与县域经济增长三者的关系及空间效应进行了实证检验。利用空间杜宾模型实证分析发现，交通网络对县域经济增长的弹性系数为负，城镇化对经济增长的影响呈倒"U"形关系，交通网络和城镇化对经济增长的影响存在交互作用，同时发现交通网络和城镇化有显著的空间溢出效应。应用地理加权回归模型发现，交通网络、城镇化对县域经济增长的影响存在异质性，交通网络促进经济发展较好县域的经济增长，抑制经济发展较差县域的经济增长。在交通网络的影响下，城镇化对经济增长存在门槛特征，即城镇化对经济增长的作用受到交通网络水平的影响，因此交通网络和城镇化的共同发展对西南地区的县域经济增长是非常重要的，并通过实证检验验证了交通网络、城镇化对县域经济增长的作用机制。

目　录

1　绪论

1.1　研究背景与研究意义

1.1.1　研究背景

改革开放以来，全国各地经济均实现了不同程度的增长，但地区间的差距却始终存在，表现为空间上的梯度发展状态，东部地区发展水平高，所占比重大，中部地区和西部部分地区发展迅速，但所占比重仍然较小，发展水平低。其中，西南地区是发展明显滞后区域。统计显示，四川省、重庆市、贵州省、云南省面积是全国的 11.6%，2016 年 GDP 总量占全国 GDP 总量的 9.47%，在全国 GDP 排名中处于中下水平，四个省（市）分别居第 6 位、第 19 位、第 21 位、第 20 位，除了四川省外，其他三个省（市）排名都靠后；人均生产总值的排名更能说明西南地区发展的滞后性，四川省、重庆市、贵州省、云南省排名分别为第 23 位、第 11 位、第 29 位、第 28 位。[①] 2016 年全国综合实力百强县中，西南地区仅占 3 席。[②]

西南地区县域之间发展差距较大是西南地区发展滞后的原因之一。由 2016 年的县域人均生产总值数据可知，四川省人均生产总值最高的龙泉驿区达到 122276 元，是最低的石渠县的 14.7 倍；重庆市人均生产总值最高的渝中区为 160743 元，与最低的巫溪县相差了 13.1 倍；贵州省人均生产总值最低和最高的分别是德江县 16805 元和仁怀市 100733 元，相差 16.7 倍；云南省人均生产总值

---

① 资料来源：国家统计局网站。
② 资料来源：《中国县域经济发展报告（2017）》。

最低和最高的县分别是镇雄县 7354 元和红塔区 120129 元，相差 6.2 倍。从区域经济的空间特征来看，西南地区城镇化水平高的地区，交通网络密度高，经济发展较好，在空间上呈现出集聚现象；而城镇化率低的地区，交通网络密度低，也是经济发展能力有限的贫困地区。总体上形成了以省会城市为核心、贫困地区为边缘的分布状态。

近年来，随着新一轮西部大开发战略、"一带一路"倡议、长江经济带战略及精准扶贫等政策的实施，西南地区的发展问题再次被人们关注。习近平总书记在党的十九大报告中，将新时代中国社会的主要矛盾定义为"人民日益增长的美好生活需要和不平衡不充分发展之间的矛盾"，区域均衡发展成为当前解决矛盾的措施之一。从中长期发展角度看，西南地区是全面建成小康社会的关键区域，西南地区县域经济增长是拉动内需、促进城乡经济结构转变、提高资源配置效率的主要途径，其发展对于我国实现区域协调发展、解决不平衡不充分发展问题有着非常重要的意义。为了协调区域间的发展，国家给予西南地区资金、基础设施建设等政策倾斜并取得了一定成效，但是由于西南地区交通网络、城镇化发展水平较低，制约了县域经济的进一步发展。

西南地区交通网络发展滞后。由于山川、河流纵横，西南地区地势起伏大，大部分人口沿河居住或分散居住在山凹处，这样的地形地貌条件和居住模式导致人口居住分散，市场化程度不高，城镇化率低。"蜀道之难，难于上青天"，描述了古代大西南交通闭塞的情况，就目前来看，西南地区的交通网络仍滞后于其他地区。在以马帮为主要交通方式的时代，西南地区由于地理优势一度繁华，成为我国主要商贸出口集散基地之一；随着航海技术的发展，西南地区的优势变为劣势；改革开放后，国家政策倾向于先发展东部沿海地区，东西城市发展的差距逐渐拉大，1999 年的西部大开发让这一趋势得到了缓解，但西南地区的地理环境必然导致交通建设成本的增大，而西南地区人口相对较少，发展空运成本太高，因此西南地区在现代交通技术发展下，区位优势逐渐递减。

西南地区城镇化水平低。2016 年，全国城镇化水平达到 57.35%，而西南地区平均城镇化水平为 49.1%，低于全国平均水平约 8 个百分点，与发达的东部地区差距更大。[①] 2018 年提出的《中共中央　国务院关于建立更加有效的区域协调发展新机制的意见》指出，要加快形成统筹有力、竞争有序、绿色协调、共享共

---

① 资料来源：国家统计局网站。

赢的区域协调发展新机制，明确了中国区域经济发展的改革方向和政策目标，以及实现这一目标的制度安排。①《国家新型城镇化规划（2014—2020）》的出台，强调了城镇化在新时期经济发展中的作用，西南地区长期发展滞后，更需要城镇化作为动力，拓展经济增长空间，促进区域发展。

当前，西南地区县域经济发展迎来很多政策和历史性机遇。自党的十六大报告中正式将壮大县域经济作为国家经济建设的战略以来，县域经济发展成为党和国家经济体制改革的重要内容和关注的焦点之一。而高铁技术、航空及高速公路的发展及国家政策支持，从交通方式变革、交通网络优化和交通设施建设三个方面为西南地区的发展创造了机遇（刘安乐等，2017）。② 首先，现代信息技术的发展使地理环境对交通发展的阻碍作用逐渐减小，通信、信息技术的发展削弱了地理距离和交通的作用，经济之间互相往来更密切；其次，高铁的速度和承载量都有了很大突破；最后，国家对西南地区的发展大力支持。总之，在交通、通信、信息技术的不断更新中，西南地区空间网络化趋势加快。当今国家"长江经济带"战略、"一带一路"倡议等为西南地区面向东南亚的区位优势提供了发挥空间，精准扶贫、区域协调发展等政策的实施为西南地区的发展提供了良好的机遇，而交通网络的形成让区域之间联系更紧密。西南地区该如何抓住机遇，提升区域竞争力，实现县域经济快速发展是迫切需要解决的问题。

1.1.2　问题的提出

劳动力、资本等要素的空间组合和流动最终形成的区域形态存在很大的差别，有的县域富有，有的县域贫困。从西南地区目前的发展来看，部分地区发展较好，形成经济集聚区；还有部分地区发展滞后，形成连片贫困区。从我国发展的历程中不难发现，为了帮助欠发达地区发展，国家会在不同的阶段根据相应的国情提出相应的对策，其中城镇化和交通基础设施建设是比较重要的两个方面。

交通网络是缩小县域经济发展差距的重要途径。当今世界任何国家和地区都在积极地与全球空间和地缘空间产生联系，重组原有的空间结构是当今世界范围内各个国家和地区调整发展战略的主要内容，也是提高竞争力的有效手段。其

---

① 中共中央　国务院. 关于建立更加有效的区域协调发展新机制的意见［DB/OL］. http：//www. gov. cn/zhengce/2018－11/29/content_ 5344537. htm.

② 刘安乐，杨承玥，明庆忠，秦趣. 跨省山区陆路交通网络可达性评价——以乌蒙山区为例［J］. 地域研究与开发，2017，36（1）：35－39，90.

中，交通网络是实现区域关联、要素互动、生产生活方式在空间移动的最主要载体。随着交通技术、信息技术等的发展，地理第一性的作用在区域发展中的地位递减，距离不再是区域发展的决定性因素。在国家的扶贫开发政策支持下，西南地区的交通基础设施得到了很大的提升，但是区位条件、公路等级、交通方式等造成的县域之间可达性的差距还非常明显。西南地区是由资源禀赋不足、生产条件恶劣、交通闭塞等一系列带有明显地域性特征的约束条件导致的贫困。西南地区山川、河流纵横，这样的地形地貌条件下，城市都是位于山凹处或是沿河分布，经济活动发展在空间上比较受限，贫困区的情况更差，大部分位于省际交界处、边缘区、环境恶劣地区等。同时，本书研究发现，交通越不发达的县域，城镇化率越低，城镇化率越低的县域，人均收入越低，越贫困。

城镇化是县域经济发展的重要动力，是经济活动的集聚过程，是生产生活方式的改变过程。城镇化不仅是一个人口提升的过程，还涉及资源在不同地区的分布和配置、扩大市场供求规模、形成合理的城市空间组织形态的问题，在我国经济快速发展中有重要的作用（司明，2014）。[①] 但是，从西南地区的发展历史和现状分析中可知，很长时间内，西南地区还不具备形成一个能带动整个区域发展的增长极，成渝城市群虽然初具规模，但是辐射能力有限，不足以带动整个片区。同时，由于行政区划的分割，西南地区省份之间，甚至各地市、县之间更多的是竞争大于合作，空间分布呈现出"核心—边缘"结构，集中连片特困区分布于行政区域的边缘地带，这些地区远离行政中心，处于相对封闭的发展状态中，城镇化率低，县域经济发展难度大。

综上可知，西南地区县域经济发展滞后，交通网络和城镇化对于西南地区的发展非常关键，但目前来看，西南地区交通和城镇化都处于较低水平，交通网络的均衡作用及城镇化的集聚作用都没有得到充分的发挥，还有很大的提升空间。因此，本书试图从理论机制方面分析交通网络、城镇化如何影响县域经济发展，从实证角度检验三者的相互作用，探索通过交通网络和城镇化实现西南地区县域经济增长的路径。

1.1.3　研究意义

首先，对西南地区县域经济的研究本身具有重要意义。西南地区是我国的重

---

① 司明. 空间经济网络的作用机理及效应研究［D］. 南开大学博士学位论文，2014.

要组成部分，西南地区经济发展滞后，贫困县所占比重大，集中分布在生态脆弱、地理环境相对较差的边缘区、省际交界区，是脱贫攻坚的重点和难点区域。缩小西南地区与全国的差距，壮大县域经济，关系到区域协调发展和全面小康社会的建成。习近平总书记在党的十九大报告中，将新时代中国社会的主要矛盾定义为"人民日益增长的美好生活需要和不平衡不充分的发展之间的矛盾"。从中长期发展角度看，西南地区县域经济增长是拉动内需、促进城乡经济结构转变、提高资源配置效率的主要途径，在当前的背景下有着非常重要的意义。因此，缩小西南地区与全国差距，既是调整经济结构的重点，也是释放发展潜力的关键。同时，西南地区是我国的少数民族集中地，虽然处于民族融合发展的良好态势，但发展中也存在不少问题。所以，西南地区的发展是全面建成小康社会的重要任务，是缩小区域发展差距的关键，也是建设和谐社会的要求。西南地区的区位也决定了其县域经济发展的重要性，西南地区位于长江经济带上游，这些地区的发展有利于加强生态文明建设和环境保护。作为长江经济带的重要组成部分，西南地区的发展对于区域一体化发展意义重大，并且西南地区是"南方丝绸之路"的重要组成部分，是我国与东南亚国家合作的重要门户，解决西南地区的县域经济发展问题，缩小西南地区与全国的发展差距，共享现代化建设成果，有利于区域和国家竞争力提升。

其次，本书关于西南地区县域经济的研究及对县域经济发展模式和路径的探索，对于中国县域经济的发展有一定的现实意义。本书认为，交通网络化发展促进区域之间相互作用和要素流动是经济增长的主要途径，同时交通网络发展规模和质量由政府决定，是可能实现均衡发展的主要途径，而城镇化的集聚对于西南地区的县域经济发展也是至关重要的。在此基础上，本书对交通网络、城镇化与县域经济增长之间的关系、作用机理的探讨有一定的理论价值。

最后，本书从交通网络和城镇化两个维度实证检验了西南地区县域经济增长的演变规律，提出了促进西南地区县域经济增长的对策建议。本书构建了交通网络反映县域关系，通过对西南地区交通网络进行分析，发现交通网络在存在等级的同时也是实现均衡发展的有效途径，其通过西南地区县域关联的时空规律及影响因素来促进县域经济的发展。并且，西南地区的城镇化水平较低，本书从城镇化角度分析契合当前城镇化的战略。城镇化关系着城市的发展质量，也关系着农村人口的生存，是经济增长的动力，是统筹城乡发展的关键，是县域经济发展的关键。本书通过实证分析发现，交通网络、城镇化、产业结构等是影响西南地区县域经济增长的重要因素，因此提出了相应的对策建议，试图为西南地区的县域经济发展提供一定的参考作用。

1.2 相关界定

1.2.1 相关概念界定

1.2.1.1 交通网络

交通是为了人们出行的方便和高效而建立的基础设施，是人类克服自然地理距离，在区域差异和互补基础上发展起来的，为了要素流动建立的区域间通道，是实现区域间联系的物质基础，是国民经济发展的最基本条件。

网络是各种网状物的总称，有实物网络，也有虚拟网络。最近几十年社会科学领域，如人文地理学、城市地理学、区域经济学、经济地理学都出现了网络研究的热潮。这里的网络研究主要是应用了网络的图论基础，表达节点和节点之间的连接关系，如城市与城市之间、企业与企业之间、交通枢纽之间的相互关系。伴随着经济和社会的发展，尤其是在全球化和信息技术的推动下，网络不仅包括可见的基础设施形成的运输网络，还包括人与人之间建立的社会网络、国家或企业的组织网络等，成为描述节点之间关系的一种有效方法。

交通网络（Traffic Network）是各种运输网、邮电网构成的整体交通网，亦称运输网路（Transportation Network）。[①] 交通基础设施主要包括铁路、公路、水运、航空、管道五种运输设施和方式，是具有明显特征的有形空间网络体系，而交通网络是基于交通基础设施网的拓扑抽象和简化。其中，交通节点形成设施网络，交通线路构成径路网络，而节点与线路的结合形成交通组织网络。[②] 交通网络的规模随着网络中节点数目及连接线路的变化而不断变化。以网络为特征的交通基础设施反映了人类社会经济活动的空间相互作用，其主要目的是沟通不同空间中的城市，因此，连接空间上多个城市的交通基础设施就形成了一个交通网络。[③] 交通线路及网络是实现空间运输联系的必要条件，其数量、能力和走向对

---

① ［英］霍恩比. 牛津高阶英汉双解词典（第8版）［M］. 北京：商务印书馆，2014.
② 李夏苗，曾明华. 交通网络演化规律［M］. 上海：同济大学出版社，2010.
③ 金凤君. 基础设施与经济社会空间组织［M］. 北京：科学出版社，2012.

运输联系的方向、强度和地域范围有着重要影响。①

综上所述，在对交通网络的解释变化中，既体现了经济活动在区域间的相互作用，也体现了交通网络发展对经济社会的重要性。本书认为，交通网络就是通过交通基础设施体现的一种空间关系和空间网络结构，交通网络的演化会改变城市空间布局，推动经济发展；同时交通网络也是研究区域联系的一种方法。

1.2.1.2 城镇化

城镇化（Urbanization）是指传统农业型社会向现代工业型社会的转变过程，也叫城市化，包括大中小城市和城镇的城镇化。② 2000 年，我国政府在《关于促进小城镇健康发展的若干意见》中，较早使用了城镇化概念。③ 之后在国家发展规划及地方发展规划中都多次提出推进城镇化进程，并逐渐将城镇化上升为一种区域发展战略。城镇化是一个相对概念，描述乡村向城市演变的过程，同时也是演变后的一种状态。城镇化与城乡一体化等概念既有联系，又有着本质的区别。城镇化是城市化的一部分，主要是根据我国国情，大量农村人口向小城镇集中的一个阶段。而城乡一体化就是向更高阶段的演变，也是城镇化的最终目标。

在区域经济研究中，城镇化主要指人口集聚、非农产业扩大、城镇空间扩张和城镇观念意识。Northam（1979）总结城镇化发展的过程近似一条"S"形曲线，并且可以相应地划分为三个阶段：城镇化水平较低（25% 以下）且发展缓慢的初始阶段、城镇化水平急剧上升的加速阶段（25% ~ 60%）、城镇化水平较高（60% 以上）且发展平缓的最终阶段。④

本书中所指城镇化发展理念就是要求从小农经济向现代经济转变、从传统农业向现代农业转变、从农业经济向工业和服务业转变、从农业人口向非农人口转变。城镇化水平是目前国际上通行的衡量一个国家或地区城镇化程度的重要指标。⑤ 其中，人口城镇化是城镇化的重要指标，因此本书采用人口比重指标法，也就是用城镇人口比重指标或非农业人口在总人口中的比重来衡量城镇化水平，

① 张文尝，金凤君，荣朝和，唐秀芬. 空间运输联系——理论研究·实证分析·预测方法［M］. 北京：中国铁道出版社，1992.

② 李强，陈宇琳，刘精明. 中国城镇化"推进模式"研究［J］. 中国社会科学，2012（7）：82 - 100，204 - 205.

③ 中国政府网. 关于促进小城镇健康发展的若干意见［DB/OL］. http：//www. gov. cn/gongbao/content/2000/content_ 60314. htm.

④ Northam. Ray M. Urban Geography［M］. New York：John Wiley&Sons，1979.

⑤ 姜爱林. 城镇化水平的五种测算方法分析［J］. 中央财经大学学报，2002（8）：76 - 80.

计算公式如下：

$$U(城镇化水平) = \frac{P_c（城镇人口或非农人口）}{N（总人口）} \times 100\% \qquad (1-1)$$

1.2.1.3　县域经济

县级行政区划在我国有着重要的地位和特殊性。中国的县级行政区划历史悠久，有2500多年的历史，县制在不同的历史时期有不同的划分和功能。当前的县域经济是国民经济的基本单元，是一个复合概念，从经济活动的地域分布看，是包括县城所在地及所辖乡镇的区域经济范畴；从经济活动的产业特征看，是集生产、分配、流通、消费等各个环节为一体的综合经济体系；从经济活动的环境背景看，是有特定的历史文化、区位条件及自然资源的独特经济环境；从资产的所有制角度看，是国有经济、集体经济、个体经济的混合所有制体系。县域经济在经济发展及社会资源配置中有其独立性，但是也同时受到国家、省级行政区、市级行政区的约束。它有两个显著的特点：其一，就县域经济的复杂内容来讲，它是综合性的经济，因而具有国民经济的一般特征；其二，就县域经济的空间存在来讲，它是区域性的经济，亦即是存在于某个经济区域内的国民经济，因而具有鲜明的区域特征。① 本书认为，县域经济是以县级行政区域为界限，有相对独立的财政权力、连接城乡、功能完备的区域经济系统，因此，城市建成区经济也可以划分为县域经济范畴。

1.2.1.4　空间效应

空间计量经济学中把空间效应分为空间溢出效应（Spillover Effect）与空间异质性（Spatial Heterogeneity）。② 它们都是基于空间位置和范围的经济活动现象。空间溢出效应是基于地理环境的空间外部性，与直接效应对应，强调的是一个区域的经济发展对其他区域经济发展的带动作用（潘文卿，2012）。③ 空间异质性是指空间结构的非均衡性，表现为主体行为之间存在明显的空间结构性差异，人类的经济活动沿着时间和空间两个维度展开，空间维度的表现就是空间异质（郑长德，2014），④ 区域经济发展的空间差异具有普遍性（陈裴，2008）。⑤

———————

① 李小三，徐鸣. 关于县域经济的理论思考［J］. 江西社会科学，2000（3）：84-89.
② 孙久文，姚鹏. 空间计量经济学的研究范式与最新进展［J］. 经济学家，2014（7）：27-35.
③ 潘文卿. 中国的区域关联与经济增长的空间溢出效应［J］. 经济研究，2012，47（1）：54-65.
④ 郑长德. 空间经济学与中国区域发展：理论与实证研究［M］. 北京：经济科学出版社，2014.
⑤ 陈裴. 区域空间经济关联模式分析——理论与实证研究［M］. 北京：中国社会科学出版社，2008.

本书对西南地区县域经济增长的空间效应分析包括空间溢出效应和空间异质性，分别借助空间杜宾模型和地理加权回归模型进行验证。

1.2.2 西南地区范围的界定

在我国行政区划概念中，西南地区主要包括四川省、贵州省、云南省、西藏自治区、重庆市五个省（区、市），总面积达 250 万平方公里。① 西部大开发及行政区划中，西南地区包括四川、重庆、贵州、云南、广西及西藏；在我国的"一带一路"倡议及国家划分的八大经济区域中，西南地区包括四川、重庆、云南、广西；在长江经济带发展战略中，西南地区作为长江上游区域，包括四川、重庆、贵州、云南四个省（市）。考虑到数据的可得性及区域发展的整体性，本书将研究范围确定为西南地区四个省（市）436 个县域，主要是四川省、重庆市、云南省及贵州省范围内的县、县级市及市辖区。其中，重庆市 38 个县级行政区划，包括 17 个县和 21 个市辖区；四川省 181 个县级行政区划，包括 117 个县、16 个县级市和 48 个市辖区；贵州省 88 个县级行政区划，包括 66 个县、7 个县级市和 14 个市辖区；云南省 129 个县级行政区划，包括 102 个县、13 个县级市、14 个市辖区。

西南地区国土面积 11.25 万平方公里，占全国的 11.69%，2016 年人口 19636 万人，占全国人口的 14.23%，城镇化率为 49.35%。中华人民共和国成立以来，西南地区经济有了较快发展，2016 年居民人均可支配收入达到 18170.86 元，但与其他地区特别是东部地区的差距仍然很大，生产规模较小，城镇化水平较低，总体上经济仍具有粗放型发展的特征；经济滞后问题突出，区内发展极度不平衡，贫困县所占面积大，是连片特困区最多的区域。

西南地区位于长江上游，是多条江河的发源地，生态环境保护的任务重。地形结构复杂，主要以山地和高原为主，人口密度相对较小，交通等基础设施建设成本大，决定了其县域经济发展的空间有限性和相对封闭性。西南地区位于祖国的西南边陲，是我国向东南亚和南亚开放的重要口岸，拥有丰富的自然和人文资源，有后发优势和潜力。

综上可知，西南地区的地形地貌、文化背景、气候条件使其形成了一个地理环境上相对封闭的区域。而西南地区地域辽阔，紧邻东南亚国家，西南地区的发

---

① 谢光辉，熊小兰. 中国经济地理（第三版）[M]. 北京：中国参政经济出版社，2006.

展对于长江经济带、"一带一路"及整个国家发展具有重要的意义。所以,本书选择西南地区 436 个县域为研究样本,从理论和实证两个方面分析西南地区县域经济发展问题。

1.3 研究思路、研究内容与研究方法

1.3.1 研究思路

在"提出问题→分析问题→解决问题"的逻辑架构下,本书采用"问题提出→作用机理→规律探索→实证分析→基本结论→对策建议"的思路体系(见图 1 - 1)。

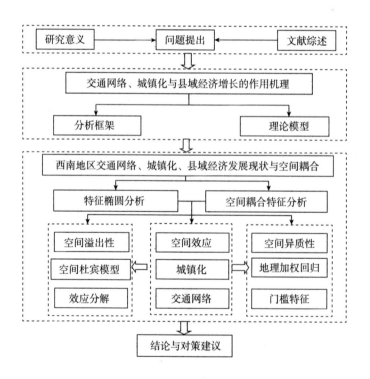

图 1 -1 技术路线图

本书基于文献和西南地区发展背景，运用空间计量方法、社会网络分析法、空间探索法等较成熟的方法，基于"流空间"理论、空间网络结构理论、城镇化相关理论、新经济地理理论、县域经济增长理论等，从"交通网络—城镇化—经济增长"关系角度出发，对交通网络、城镇化的县域经济增长机制进行较系统的分析，结合交通网络、城镇化及西南地区县域经济在空间上的分布和耦合关系，探索西南地区县域经济的空间溢出效应和异质性特征，实证分析交通网络、城镇化在发展中的空间效应，对西南地区的县域经济发展提出相应的对策建议。

1.3.2　研究内容

本书的研究内容主要包括以下方面：

第1章为绪论。本章对交通网络、城镇化、县域经济及空间效应等相关概念进行界定，梳理了本书的研究思路、主要研究内容与研究方法，提出了本书的创新点与不足。

第2章为理论基础与文献综述。本章基于"流空间"理论、城镇化相关理论、县域经济相关理论及新经济地理理论等理论体系支撑和文献梳理，发现空间结构的组织形态不断变化，当前阶段以网络化发展趋势为主。但实证研究的对象多集中在较发达区域，包括长三角、京津冀等城市群，也包括上海、广州、北京等大城市内部的结构优化研究，从网络和空间角度对西南地区的系统研究很少。因此，本书在综述已有研究成果基础上，展开了交通网络、城镇化对西南地区县域经济增长的空间效应研究。

第3章为理论框架与模型。早期经济地理学对各种社会现象和经济发展问题的研究开创了学术界对空间联系的先河。随着区域之间联系不断加强，区域之间的人流、物流、资金流和信息流等各种要素的跨区域流动变得更加频繁，网络化联系的特征逐渐明显。区域之间关系越来越复杂，交通网络为解决区域问题提供了新思路和解决问题的办法。城镇化可以看作西南地区县域经济增长的重要战略，因此本书提出了"交通网络—城镇化—经济增长"的逻辑关系，在此基础上，分析了以交通网络为核心的生产要素流动和经济集聚形成的城镇化发展对经济增长的运作机制，并且在城镇化促进经济增长的模型基础上，分析了交通网络在城镇结构和经济增长方面产生的影响。

第4章为西南地区交通网络、城镇化与县域经济：发展现状及空间耦合特征。首先，分析西南地区交通网络、城镇化、县域经济现状，并通过西南地区的经济和交通数据构建西南地区交通网络，探索西南地区交通网络的特征和城镇体系的空间结构。其次，通过特征椭圆和耦合度函数分析西南地区交通网络、城镇化和县域经济的空间分布和耦合特征，清晰地认知空间网络格局与经济现象及其空间分布规律。

第5章为交通网络、城镇化与西南地区县域经济增长的空间溢出效应。西南地区经济发展存在显著的空间相关性，本书基于2007～2016年西南地区436个县域的面板数据，利用空间杜宾模型，对比了邻接权重、距离权重、经济地理嵌套权重及交通网络权重下，西南地区县域经济增长的空间溢出效应。

第6章为交通网络、城镇化与西南地区经济增长的空间异质性。我国西南地区由于历史原因、地理区位、生态环境脆弱等因素，县域经济发展滞后，一直是制约我国西南地区经济社会发展和全面建成小康社会的重大因素。很多研究者对西南地区的经济发展状况进行了分析，但是往往忽略了西南地区内部县域间的不平衡。本章利用空间地理加权（GWR）模型探讨了2007～2016年西南地区436个县的异质性、影响因素及随时间的变化规律，重点分析了六个连片特困区的发展情况，并基于GIS对结果进行可视化展现。

第7章为结论及对策建议。在空间关系视角下，西南地区存在"交通网络—城镇化—经济增长"的分析框架，通过实证检验发现，西南地区县域经济增长存在显著的空间溢出效应和空间异质性，交通网络、城镇化是影响县域经济增长的重要原因，因此提出了发挥交通网络作用、推进县域尺度城镇化、建立多中心增长极、发展特色产业、提高劳动力水平、聚焦区域贫困及促进区域协调发展等对策建议。

1.3.3 研究方法

本书在定性和定量的框架下分析交通网络、城镇化对县域经济增长的空间效应，主要采用以下三种方法：

（1）空间计量方法（Spatial Econometric Method）。空间计量学是研究地理对象空间效应的数据分析技术，用来发现隐藏在数据背后的重要信息或规律，其核心是研究空间数据的独特性质——空间效应，包括空间自相关性（Spatial Auto Correlation）和空间异质性（Spatial Heterogeneity）。它们是研究区域空间相互作用的核心概念，空间自相关指不同位置研究对象的观测值在空间上或网络内是非独立的，并呈现出某种非随机的分布模式，由于其具有多方向性，不能直接套用传统时间序列自相关方法进行研究；空间异质性则反映研究对象的经济行为或经济关系空间行为的差异性（Anselin，1998）。目前，空间计量经济学被广泛地应用于研究区域间相互作用和网络效应（LeSage，2009）。

传统的计量方法通常要求观测变量之间相互独立，但由于空间相关性的存在，这些方法获得的结论难免有一些偏差。空间计量分析方法很好地弥补了这一缺陷，有利于获得更可靠的经济结论。本书在对空间网络效应进行验证时，在分析城镇化的影响因素时，将空间因素和网络因素纳入增长模型中，综合分析网络和空间对城镇化的影响。

（2）社会网络分析法（Social Network Analysis，SNA）。社会网络分析法是社会学中用于研究社会成员之间关系的定量研究方法，是对社会关系结构及其属性加以分析的一套规范和方法，需要先建立网络关系，并在此基础上分析关系结构及其属性。社会网络分析法的一个重要特点就是它将"关系"看成分析单位，把结构看作节点之间的关系模式，分析节点之间的互动。网络研究的一个重要问题是，各节点之间的关系模式怎样影响及在多大程度上影响网络节点的行为。借助网络分析的工具，构建反映城市间水平关系的城市网络，并通过结构测度，分析其结构的经济学意义，同时运用结构测度中的一些指标反映不同节点在网络中所处的具体位置，作为后文实证检验网络与区域经济增长关系的一个重要因素。社会网络分析方法为区域研究提供了一种新的视角和分析工具，是复杂网络理论在社会经济学领域的扩展。

本书通过构建交通网络来分析西南地区城镇空间结构现状，以及基于交通网络构建了交通网络权重。具体做法是将县（区）抽象为节点，有形的交通路网作为关联，在空间相互作用理论支撑基础上，通过平均旅行时间建立区域的交通网络。其中将县域抽象为点，县域之间的平均旅行时间为线。空间节点的优化和转移是空间结构组织的重要方面，但影响节点的因素是错综复杂的。节点之间的相互作用就通过边的权重来体现。由于区域之间的作用是多样的，而且是以"流"的形式体现，所以在数据获取上会存在一定的难度。

衡量空间网络的指标主要有节点的度、中心性等，变量主要有最短路径、平均路径长度及权重系数，而对网络整体特征进行分析还需要社团结构（派系结构、核心—边缘结构等）及度分布指标。社会网络分析方法有自己的开发工具，包括弗拉迪米尔·巴塔盖尔吉（Vladimir）开发的 Pajek、Ucinet 6.2、Python 等，而如今 R、Matlab、ArcGIS10.3 等也开发了相应的功能。本书采用 Ucinet 6.2 对交通网络的统计特征进行计算，分析交通网络的小世界特性，并进行可视化。

（3）探索性空间数据分析法（Exploratory Spatial Data Analysis，ESDA）。探索性空间数据分析是将统计学和现代图形计算结合起来，用直观的方法展现数据中隐含的空间分布、空间模式及空间相互作用等特征。本书通过探索性空间数据分析，研究交通网络、信息网络、城市网络的发展水平与区域经济之间的关系，主要有特征椭圆分析法和度函数耦合分析法。耦合原本作为物理学概念，是指两个或两个以上系统通过各种相互作用而彼此影响的现象。标准差椭圆（Standard Deviational Ellipse，SDE）是空间统计方法中能够精确地揭示经济空间分布多方面特征的方法。① SDE 方法通过以中心、长轴、短轴、方位角为基本参数的空间分布椭圆定量描述研究对象的空间分布整体特征。具体来说，空间分布椭圆以地理要素空间分布的平均中心为中心，分别计算其在 X 方向和 Y 方向上的标准差，以此定义包含要素分布的椭圆的轴，根据椭圆的长轴与短轴之比判断其方向。耦合度就是描述系统或要素相互影响的程度。耦合作用及其协调程度决定了系统在达到临界区域时走向何种序与结构，即决定了系统由无序走向有序的趋势。

1.4 创新点和不足之处

1.4.1 创新点

（1）基于"流空间"和空间网络结构理论，本书构建了"交通网络—城镇化—经济增长"的一个相对完善的分析框架。现有的文献大多对交通网络与经济增长、城镇化与经济增长、交通网络与城镇化之间的关系进行研究，较少同时关注三者的关系。本书从空间关系视角对交通网络和城镇化共同促进经济增长的作用机制进行系统分析，明确了交通网络、城镇化与县域经济增长三者的关系。本书认为，交通网络是地区间相互作用的主要载体，地区之间要素流动产生的效用可以用交通网络系数表达，因此在城镇化对经济增长模型基础上，将交通网络产生的效用通过劳动力流动模型加入生产函数进行推导，得出以下结论：第一，城镇化与经济

---

① Wong D. W. S. Several Fundamental Sinimplementing Spatial Statistics in GIS: Using Centro Graphic Measure Sas Examples [J]. Geographic Information Sciences, 1999 (2): 163–173.

呈倒"U"形关系，并且城镇化水平受到交通网络和其他地区城镇化水平的影响；第二，其他地区城镇化对本地的经济影响主要取决于地理函数，与两地的距离和网络系数相关；第三，网络系数对本地区经济的影响是递增的指数关系。

（2）本书借鉴复杂网络分析理论和社会网络分析方法，以县域作为节点，交通作为关系，构建了西南地区县域间的交通网络，基于交通网络是地区间相互作用的主要载体的观点，认为交通网络可以定量地反映县域间空间关系。因此，在"流动空间"取代"地方空间"的基础上，本书认为区域间的邻接关系或距离关系相对局限，相邻区域之间不一定有强的联系，较近的区域间也不一定比相对远的地区有优势，而区域之间是否有交通基础设施是非常关键的。因此，本书通过平均旅行时间得到交通网络矩阵，定量分析了西南地区的县域层次体系，并将交通网络权重加入空间计量模型中，与邻接权重和距离权重回归结果进行对比分析，发现交通网络权重下县域间经济增长的空间溢出效应更显著。

（3）本书对交通网络、城镇化与县域经济增长三者的关系及空间效应进行了实证检验。应用空间杜宾模型，发现交通网络对县域经济增长的弹性系数为负，城镇化对经济增长的影响呈倒"U"形关系，交通网络和城镇化对经济增长的影响存在交互作用。同时，发现交通网络和城镇化有显著的空间溢出效应，即交通网络和城镇化对本地县域经济有促进作用，对旁边县域有负向作用，县域间竞争大于合作。应用地理加权回归模型，发现交通网络、城镇化对县域经济增长的影响存在异质性，交通网络促进经济发展较好县域的经济增长，抑制经济发展较差县域的经济增长。在交通网络的影响下，城镇化对经济增长存在门槛特征，即城镇化对经济增长的作用受到交通网络水平的影响，交通网络处于中间水平的县域，城镇化对县域经济增长影响最大。因此，交通网络和城镇化的共同发展对西南地区的县域经济增长是非常重要的，并通过实证检验验证了交通网络、城镇化对县域经济增长的作用机制。

1.4.2 不足之处

本书应用空间计量方法研究了交通网络、城镇化对县域经济增长的空间效应，由于研究能力及获取资料有限，研究中还存在很多不足之处和需要进一步研究的问题，主要包括以下几个方面：

（1）数据处理方面。第一，由于样本的限制，选取 2007～2016 年的数据进行实证分析。在进行空间异质性分析时，样本量有 10 年的数据，但由于方法的局限，在回归时只能进行截面回归，虽然对 10 年的结果进行了对比分析，但对研究对象的动态变化分析有限。第二，变量的选取也存在较大的局限性，用非农人口作为城镇化指标，忽略了建成区的面积和人口密度的影响。西南地区的经济发展受地形地貌的影响是非常大的，但本书由于数据的限制，没有实现地形地貌的量化分析。第三，对 436 个县域之间的交通网络进行分析时，将城市抽象为均匀的节点，为定量角度提供了方便性，但县域内部的交通网络及布局特征没有考虑。将西南地区作为整体分析平均旅行时间，在实际的通行时间上有低估，并且没办法考虑中转停留时间。忽略了对于交通方式的影响，所以与真实情况还是会存在一些差距。在今后的研究中需要扩大样本量，通过大数据方法的支持，获取更多的指标进行科学性检验。

（2）空间权重的构建方面。空间结构和关系是基于区域间人和物质的交换而产生的，流数据能较好地反映区域间关系，但数据往往不可得。因此，本书的权重构建存在三个问题：第一，交通基础设施作为主要载体，忽略了信息网络、物流网络等对县域间关系的作用。第二，本书是基于交通基础设施的平均旅行时间建立区域之间的网络权重，由于数据可得性的限制，目前仅选择了西南地区陆路交通，没能涵盖航空网络、航运网络、物流网络及信息网络等，且数据获取和测度方面存在较大难度，只获得了 2007 年、2010 年、2012 年、2015 年、2016 年的交通路线图，因此，在处理交通网络权重时，只能用这几年的平均值，没有反映出交通网络变化对空间效应的影响。第三，本书通过交通网络构建空间权重，但依然无法完全排除权重外生性的问题，在实证检验时也不能处理随时间变化权重对结果的影响。

（3）研究范围的界定方面。本书在研究县域经济问题时，将市辖区经济也作为县域经济处理，实际上市辖区经济和县域经济发展存在较大差距，市辖区的经济和县域经济发展基础和区位等存在较大差距，放在一起作为样本不利于深入分析西南地区县域经济发展存在的问题。但在数据剔除时也会出现一些问题，因此本书暂时将其放在一起进行分析，将来在进一步分析时会单独处理市辖区和县域样本。

（4）结论及对策建议方面。县域经济发展是一个系统工程，西南地区的县域发展任重道远。本书虽然尝试对西南地区县域经济的发展提出自己的见解和看法，但由于理论水平有限，对各县的实际情况掌握不够全面，所提出的对策建议还需进一步探讨，希望以后的研究中能够进一步对西南地区县域经济问题进行深入分析，提出可行的、便于实施的对策建议。

2 理论基础与文献综述

2.1 理论基础

2.1.1 "流空间"及空间网络结构论

2.1.1.1 "流空间"概念

曼纽尔·卡斯特（Manual Castells，1996）较早提出了"流空间"概念，"流"指具体的流动要素，作为区域发展的动力源，流量大小、方向及速度成为关注的重点，而空间是载体，表现出的形态是"流"的结果。[①] 经济活动中的流空间包括要素的流动及要素流动形成的空间结构体系。在流动空间的组织下，地方空间的地位和权利被削弱或是取代，流空间支配社会功能和权利。[②]

"流空间"的概念可以理解为四个层次：第一层次是最基本的物质流层次，是在基础设施的基础上形成的流空间，其位置及流动方向受到原有基础设施的限制，主要包括交通基础设施、通信基础设施及能量基础设施等。第二层次是物质流的交换场所，是流动空间的主要组成部分之一，决定了流空间的规模和速度，主要包括城市、车站。第三层次是流空间的组织者，控制和决定流空间的布局和发展，主要包括政府部门及企业的董事会等。第四层次是较高级的流空间，是物质流空间的意识形态空间，由于信息化的出现而逐渐发展，包括信息流、资金流、技术流等。[③] 在全球化和信息化背景下，流空间已经超越了时间和空间的界限，在一定程

---

① Manuel Castells. The Rise of the Network Society［M］. Oxford：Blackwell Publishing Ltd，1996.

② 曼纽尔·卡斯特. 网络社会的崛起［M］. 夏铸九，王志弘等译. 北京：社会科学文献出版社，2001.

③ 岑迪，周剑云. 基于"流—空间"理论的珠三角区域空间转型研究［J］. 城市观察，2016（3）：67－77.

度上影响着未来地域空间格局的发育，并通过"流"的交互作用扩展到人类活动的整个领域。在全球化的脉络里，地域化的集聚并非空间分散化的替选出路，反而成为参与区域经济全球化的主要基础，区域和网络是全球空间里互赖的极点。①

将"流空间"理论应用于实证比较著名的有全球化与世界城市研究团队（GaWC 小组）和欧洲多中心巨型城市区域可持续发展管理项目（POLYNET）团队。GaWC 小组将流空间理论和方法用于世界城市区域的网络分析中；为了突破"流"难以测度的困难，他们通过高端生产性服务业（APS）的指标来考察其运作和流动特点。POLYNET 是由欧盟区域发展基金出资，由英国 Young 基金会（前英国社区研究院）主持，集合了欧洲八大研究机构的专家学者的国际合作项目，其研究展示了"流空间"理论和方法的优越性。表 2-1 展示了不同时期以这两个组织为首对空间网络体系研究的重点。

表 2-1　不同时期空间网络体系研究的重点

比较项	20 世纪 70 年代之前	20 世纪 70～90 年代	2000 年以来
研究命题	国家城市体系	世界城市体系和全球城市	世界城市网络
时代背景	传统国际劳动分工	新国际劳动分工	服务型经济
经济载体	国家、地方企业	城市、多国公司	服务性多国公司
城市间关系	竞争为主	竞争为主、合作为辅	竞争与合作并重
空间组织原则	等级秩序为主	网络秩序的重要性逐渐显现并提升	等级秩序与网络秩序并重
城市研究重点	城市属性（内部结构）研究	城市属性（内部结构）研究和城市间关系（外部联系）研究并重	跨国的城市间关系（外部联系）研究渐成热点
社会空间类型	地方空间	地方空间和流动空间并存	流动空间占主导并将地方空间纳入模型之中
理论基础	中心地理论	新国际劳动分工理论、世界体系理论、流动空间理论等	行动者网络理论等

资料来源：笔者根据相关文献整理。

2.1.1.2　空间网络结构理论

随着信息社会的发展、全球交通网络的建设、企业的全球布局等，空间网络结构代替中心地体系成为理解城市经济的关键。Meijers（2007）从城市特征、空间发展的限制因素、城市职能关系、产品与服务、联系方式、方向性、成本及竞

---

① 藤田长久，保罗·克鲁格曼，安东尼·J. 维纳伯尔斯. 空间经济学：城市、区域与国际贸易[M]. 梁琦译. 北京：中国人民大学出版社，2011.

争方式等方面比较了中心地理论和空间网络结构的区别（见表 2 - 2）。① 在网络发展模式下，每个城市更像是网络中的节点，城市之间的关系倾向于互补合作的平等关系，城市之间的要素都是双向流动，异质的产品与服务更占优势。

表 2 - 2　中心地理论与空间网络结构的比较

比较内容	中心地理论	空间网络结构
特征	中心性	节点性
限制因素	受规模限制	不受规模限制
职能关系	倾向于首位城市和从属性城市关系，城市间竞争激烈	倾向于灵活和互补关系，城市间分工合作较多
产品与服务	同质的产品与服务	异质的产品与服务
联系方式	纵向	横向
方向性	单向流	双向流
成本	交通成本	信息成本和交通成本
竞争方式	完全竞争	不完全竞争

资料来源：笔者根据 Meijers（2006）整理。

　　随着空间结构的演变，单个城市的增长对于城市和区域的竞争力提升是有限的，因此通过构建多中心网络城市来促进均衡、可持续的地域发展成为区域经济学的热点。网络型的空间发展模式早在西方发达国家政府、学界及建筑规划中得到广泛的研究和应用。如 Kunzmann 和 Wegener（1991）认为欧洲的城市网络将会是一个多中心的合作的网络结构；② Dematteis（1996）也描述了欧洲城市体系多层面相互联系网络，认为多层面相互联系网络代表了信息经济下相互连接的网络组织。③ 受到数据可得性的限制，空间网络研究的实证途径主要包括企业组织途径、基础设施途径和社会文化途径（见表 2 - 3）。④

① Meijers E. From Central Place to Network Model：Theory and Evidence of a Paradigm Change ［J］. Tijdschrift Voor Economis Cheen Social Egeografie, 2007, 98（2）：245 - 259.

② Kunzmann K. R., Wegener M. The Pattern of Urbanization in Western Europe 1960 - 1990 ［J］. Universitat Dortmund, 1991.

③ Dematteis G. Towards a Unified Metropolitan Urban System in Europe：Core Centrality versus Network ［J］. Urban Networks in Europe. John Libbey, EUROTEXT, 1996：19 - 28.

④ 唐子来，李涛，李粲. 中国主要城市关联网络研究 ［J］. 城市规划，2017（1）：28 - 39.

表 2 - 3 空间网络研究的主要实证途径

比较项	企业组织途径		基础设施途径		社会文化途径	
主要行为主体	APS 企业	多国公司	航空网络等物质性交通设施	电话、互联网等远程通信设施	全球社会文化网络	高技能劳动力、非政府组织等
数据基础	APS 企业的区位数据	《财富》500 强企业	城际航班乘客数据	互联网骨干网带宽等	非政府组织办公网络数据等	管理精英的城际迁移数据
数理模型	互锁网络模型	社会网络分析模型	MIDT 等	相关分析模型	互锁网络模型	流动空间模型
侧重点	世界城市的控制维度	城市的商业服务维度	航空枢纽的城市网络	互联网网络的城市网络	社会文化政治网络	劳动力迁移的城市网络

资料来源：笔者根据相关文献整理。

我国关于空间网络结构的思想也有很长的历史，结合文献内容，主要分为空间网络阶段论、空间网络结构论、空间网络关系论，主要观点如表 2 - 4 所示。

表 2 - 4 中国关于空间网络结构研究的主要观点

主要观点	作者	年份	内容
空间网络阶段论	陆大道	1984	提出点轴开发模式
	杨吾杨	1989	环状放射交通网的区位模式
	魏后凯	1995	将区域经济开发的空间组织分为增长极点开发、点轴开发和网络化开发三种形式
	张京祥、崔功豪	1998	提出城镇的群组化、网络化发展模式
空间网络结构论	周一星	1995	研究了城市体系的空间网络结构
	曾菊新	1996	提出了空间经济的结构由区位几何要素（点、线、面）、空间组合模式和生产力要素流构成的观点，并且系统研究了城乡网络
	蔡彬彬	1999	区域的实质是空间经济网络，区域发展的实质是空间经济网络化
空间网络关系论	覃成林	1993	城镇体系空间结构指城镇体系内各城镇之间的空间分布和相互关联关系
	顾朝林	1996	将城镇体系的主要网络系统划分为行政管理网络、交通运输网络、生产协作网络、商品流通网络和信息传输网络等
	姚士谋	2006	认为由于经济社会的高度发展，越来越多的国家、城市和各种企业团体被捆绑在一种互相依存和互相连贯的网络关系中

资料来源：笔者根据相关文献整理。

第一，空间网络阶段论。区域发展逐渐由简单到复杂，对区域空间的认识也由静态到动态、由简单到复杂。杨开忠等（2002）认为，区域科学的研究逐渐形成复杂区域科学研究阶段。[①] 对于区域的研究也不能只关注其表面现象，更重要的是对其现象背后规律和本质的探索。区域的发展过程就是空间网络化从低级到高级的发展过程（蔡彬彬，1999）。[②] 空间发展的初级阶段，网络密度低，形成"点—轴"结构（陆大道，1989），[③] 随着交通、技术、信息的发展，表现出以省行政中心为中心的环状放射交通网的区位模式（杨吾扬等，1984）。[④] 因此，根据不同的阶段空间结构特征，区域空间的开发分为增长极点开发、点轴开发和网络化开发三个阶段（魏后凯，2011）。[⑤] 随着信息技术的变革，基本形成了流动空间的网络化阶段（汪明峰和高丰，2007）。[⑥] 两个或更多的原先彼此独立、潜在功能存在互补的城市，借助快速高效的交通走廊和通信设施连接起来，彼此合作形成了富有创造力的城市集合体。[⑦] 镇的群组化就是一种网络化发展模式（张京祥和崔功豪，1998）。[⑧]

第二，空间网络结构论。周一星（1997）提出了空间网络结构的明确概念，认为城市体系的空间网络结构即研究一个国家或区域中城市体系的点（城市与城市）、线（城市与联系通道，主要是交通线）和面（城市与区域）三要素在空间的复杂组合关系。[⑨] 曾菊新（2001）也在研究城乡网络过程中提出了空间经济的结构由区位几何要素（点、线、面）和生产力要素流构成的观点。[⑩] 蔡彬彬（1999）在此观点影响下得出区域的实质是空间经济网络的结论。[⑪] 郭腾云等（2009）认为，网络不仅是经济发展的一种有效的空间结构，而且网络所具有的特有功能为区域

① 杨开忠，薛领. 复杂区科学：21 世纪的区域科学［J］. 地球科学进展，2002（1）：5 – 11.

②⑪ 蔡彬彬. 空间网络化理论与实践［D］. 华中师范大学硕士学位论文，1999.

③ 陆大道. 空间结构理论与区域发展［J］. 科学，1989（2）：108 – 111，159.

④ 杨吾扬，王富年. 铁路网的发展和分布［J］. 中学地理教学参考，1984（1）：7 – 10.

⑤ 魏后凯. 现代区域经济学［M］. 北京：经济管理出版社，2011.

⑥ 汪明峰，高丰. 网络的空间逻辑：解释信息时代的世界城市体系变动［J］. 国际城市规划，2007（2）：36 – 41.

⑦ 汪淳，陈璐. 基于网络城市理念的城市群布局——以苏锡常城市群为例［J］. 长江流域资源与环境，2006（6）：797 – 801.

⑧ 张京祥，崔功豪. 后现代主义城市空间模式的人文探析［J］. 人文地理，1998（4）：25 – 29.

⑨ 周一星. 城市地理学［M］. 北京：商务印书馆，1997.

⑩ 曾菊新. 现代城乡网络化发展模式［M］. 北京：科学出版社，2001.

经济的高效发展提供了条件。[①] 沈丽珍等（2010）对流空间的结构模式进行了探讨。[②] 高鑫等（2012）也分析了空间网络结构可能产生的区域效应。[③]

第三，空间网络关系论。在空间网络结构化的基础上，衍生了空间网络关系论，空间网络就是空间关系的结果。牛文元（1984）提出了"地理流"的概念，他认为地理流揭示了地理系统中的物质、能量和信息流动的基本规律。[④] 而这种流就是区域空间的演化，实际上反映了社会、经济、文化在时空关系中的转变与相互作用（沈丽珍和顾朝林，2009）。[⑤] 覃成林（1996）认为，城镇体系就是指各城镇之间的相互关联关系。[⑥] 张京祥和崔功豪（1999）认为，空间结构反映了地域空间中的相互关系。[⑦] 姚士谋等（2006）认为，由于经济社会的高度发展，城市处于一种互相依存和互相连贯的网络关系中。[⑧] 陆玉麒（1998）认为，空间结构是空间组织关系、规模等级关系及要素流关系综合作用的结果。[⑨] 也就是说，区域空间的演化必然会影响到区域中的生产要素流动，进而影响区域经济空间和区域经济活动的进行，从而形成相对稳定的空间网络关系。

综上，空间网络是由点、线、流组成的系统。其中，"点"是指具体的城市、城镇；"线"是指交通基础设施等点与点之间的连接载体；"流"是指具体流动的人员、货物、资金、信息等。[⑩] 最主要和最普遍的联系是空间经济联系和空间运输联系。[⑪] 在空间网络化发展阶段，区域之间相互作用更频繁，强度更大，整个空间是一种复杂的网络关系。通过对这种网络关系的研究，能分析区域空间结构，而对空间网络的优化就是促进区域结构的发展，使区域之间联系更为

① 郭腾云，董冠鹏. 基于 GIS 和 DEA 的特大城市空间紧凑度与城市效率分析 [J]. 地球信息科学学报，2009，11（4）：482 – 490.

② 沈丽珍，顾朝林，甄锋. 流动空间结构模式研究 [J]. 城市规划学刊，2010（5）：26 – 32.

③ 高鑫，修春亮，魏冶. 城市地理学的"流空间"视角及其中国化研究 [J]. 人文地理，2012，27（4）：32 – 36，160.

④ 牛文元. 生态系统的空间分布 [J]. 生态学报，1984（4）：299 – 309.

⑤ 沈丽珍，顾朝林. 区域流动空间整合与全球城市网络构建 [J]. 地理科学，2009，29（6）：787 – 793.

⑥ 覃成林. 论区际经济关系与区域经济协调发展 [J]. 经济纵横，1996（11）：22 – 25.

⑦ 张京祥，崔功豪. 区域与城市研究领域的拓展：城镇群体空间组合 [J]. 城市规划，1999（6）：36 – 38，45，63.

⑧ 姚士谋，王书国，陈爽，陈振光. 区域发展中"城市群现象"的空间系统探索 [J]. 经济地理，2006（5）：726 – 730.

⑨ 陆玉麒. 双核型空间结构模式的探讨 [J]. 地域研究与开发，1998（4）：45 – 49.

⑩ 曾菊新. 现代城乡网络化发展模式 [M]. 北京：科学出版社，2001.

⑪ 刘瑞娟. 基于空间视角的区域联系分析 [D]. 长安大学硕士学位论文，2014.

紧密，形成协调发展的格局。空间网络也是一种空间结构，是在特定阶段的表现，空间网络和空间结构的关系如图2-1所示。

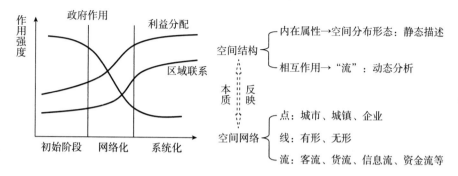

图2-1　空间网络化发展阶段与空间结构关系

2.1.2　城镇化相关理论

城镇化的产生与发展一直是学界研究的热点，西方关于城镇化的研究可以追溯到1954年刘易斯（Lewis）提出的二元经济理论。二元经济理论认为，发展中国家的传统农业主要在农村，发达的工业主要在城市，并假设工业部门的效率高于农业，工人的工资不变，劳动力转移成本为零，因此二元经济结构会逐渐转化为一元结构。随后拉尼斯和费景汉及托达罗对该理论做了进一步改进，形成了"刘易斯—拉尼斯—费景汉"模型，提出工业与农业协调发展的重要性。乔根森认为，农业剩余的大小对工业部门的发展起决定性作用。托达罗在此基础上分析了人们向城市迁移的问题，认为人口迁移取决于居民城乡预期收入的差异。麦吉（J. G. McGee）提出了城乡一体化发展模式，认为城乡关系在发展过程中日益密切，地域界限日益模糊，产生了一种新的城镇化发展模式，他强调城乡的紧密联系，并建立了区域整体混合发展的复杂体系模式。

城镇化也是集聚经济在空间维度的表现。地理上的集中有利于企业实现集中生产和集中交易。集中生产可以降低公共基础设施的使用成本和分摊费用，劳动力的流动可以促进创新和技能的快速扩散，劳动力市场在城镇的共享可以促使企业获得稳定的劳动力供给。集中交易可以减少信息不充分的消耗，降低交易成本。而城镇之间的彼此靠近，降低了中间产品的运输成本。

基于中国目前的城镇化格局，下一阶段的城镇化将呈现出以下特点：第一，城镇化水平在地域上的分化继续扩大，沿海城市的城镇化促使城市带迅速形成，而西部地区的人口仍以外流为主；第二，沿海东部地区的产业升级导致一部分中低端产业迁移至西部地区，西部地区人口回流到西部城市，西部地区的城镇化水平提高，催生西部地区产业升级；第三，在互联网和物联网支持下，县域特色经济发展有了机遇，带动一部分回流人口和乡村人口在小县城发展，促进小县城城镇化发展。

2.1.3　新经济地理理论

新经济地理理论可以解释相邻县域经济增长相互依赖和异质的原因。新古典经济学的内生经济增长理论则强调外生的技术进步和知识资本等要素对经济长期增长的重要性，并用要素报酬不变、人力资本、研究和开发等消除传统投入要素的收益递减，围绕如何将相关变量内生化及这些内生变量如何影响区域经济持续增长的问题，建立了一系列经济增长模型。但是这些理论和模型关注的重点是经济增长及其影响要素，而对于两者之间的相互作用及方式如经济活动集聚对人力资本积累的作用和知识外溢的外部经济性并没有做出解释，即没有考虑解决经济增长对城镇化发展模式的影响及城镇化如何拉动经济增长效率这两个问题。在经济增长理论中，劳动投入和资本投入的增长是看得见的部分，其余都归为全要素生产率。Krugman（1991a）等在 Dixit 和 Stiglitz（1977）的新经济地理学中成功将空间因素纳入一般均衡理论的分析框架，研究经济活动的空间分布规律，以解释现实中存在的不同规模、不同形式生产的空间集中机制。新经济地理学对经济活动的空间分布规律进行了探索，提出了规模报酬递增、不完全竞争市场、冰山运输成本等观点，将交通网络与经济增长模型结合，分析了集聚的形成机制。现代经济增长的源泉，其实只是在一个国家人口规模既定的情况下，改变人口的空间分布，通过人口向大城市的集聚，借助于城市层面的规模经济，产生了对整个国家经济增长的带动作用。新经济地理学在解释集聚和地区间差距方面获得了巨大的成功，认为地理位置和历史优势是集聚的起始条件，规模报酬递增和正反馈效应导致了集聚的自我强化，使优势地区保持领先。在 Krugman 之后，Fujita 和 Puga 等对新经济地理学基本模型做了进一步的拓展。

新经济地理学主要有三大模型，分别是中心—外围模型、历史与预期模型、区域专业化模型。其中，中心—外围模型分析了一个两地区、两部门的一般均衡区位模型，回答了一个关键问题：在两个具有完全相同外部条件的地区，在存在报酬递增、人口流动和运输成本交互作用的情况下，制造业为何会在一些发达地区集中而不在相对不发达的地区集中？这些情形又会在何时发生？因为在运输水平处于中间水平时，前向效应和后向效应最强，即一个地区的市场需求越大，由于存在较强的规模经济、价格指数效应及累积循环因果效应，该地区的制造业份额也越大，商品的价格指数也就越低，厂商能够支付给工人的工资也越高，也就能够吸引更多的外地工人，这将促使该地区的市场容量进一步变大；由于存在规模报酬递增，越来越多的制造业企业就会进入该地区。在此情况下，两地区的对称经济结构变得不可持续，于是制造业就由世界经济中原来的均匀分布逐步演变成一种核心—外围的经济结构。该模型分析的结果表明，一个经济规模较大的区域，由于前向和后向联系，会出现一种自我持续的制造业集中现象，经济规模越大，集中越明显。运输成本越低，制造业在经济中所占的份额越大，在厂商水平上的规模经济越明显，越有利于集聚。因此，"中心—外围"结构的形成取决于规模经济、运输成本和区域国民收入中的制造业份额。

该模型回避了马歇尔所提出的难以理解的纯技术外部性概念，也没有涉及地理范围的外部经济性，而是通过引入规模报酬递增、人口流动和运输成本来对制造业区域集聚的原因进行解释。

2.1.4　县域经济增长理论

县域经济是指在县级行政区划的地域内统筹安排和优化经济社会资源而形成的开放的、功能完备的、具有地域特色的区域经济。也就是说，首先，县域经济属于区域经济范畴，是一种行政区划型区域经济，它以县城为中心，乡镇（尤其是建制镇）为纽带，广大农村为腹地，城乡兼容。其次，县域经济有一个较完整的市场调控主体，有一定的相对独立性，并有一定的能动性，且具有地域特色，这种地域特色与其地理区位、历史人文、特定资源相关联。再次，县域经济以市场为导向，随着市场经济的发展，在更大的区域内进行资源配置，获取竞争优势，具有开放性。最后，县域经济是国民经济的基本单元，是功能完备的综合性经济体系，其活动涉及生产、流通、消费、分配各环节及一、二、三产业各部门，注重发挥比较优势，突出重点产业。

区域经济理论是县域经济增长理论的基础，从理论上论述了资源约束、运输成本及集聚等经济活动现象，但区域经济理论并不完全适用于研究县域经济问题，县域经济是国民经济的子系统，因此，县域经济理论应该从县域角度解答有什么、什么适合发展和怎样进行发展等问题。秦兴方和田珍（2017）在总结西方区域经济理论，并结合中国县域发展国情的基础上，对县域经济理论进行探索，提出的县域理论包括：县域生产要素存量的有限增长性、县域内部市场空间的有限包容性和县域再生产过程的有限市场性。① 具体来说，包括以下三点：第一，县域生产要素存量的有限增长性。县域是有清晰界限的区域经济，拥有的土地、自然资源等非常有限，而县域经济的发展需要有足够的资源要素供给，所以对县域经济发展来说，如何集约资源，规模化经营是突破资源存量和增长有限的主要途径。第二，县域内部市场空间的有限包容性。县域内部市场空间有限，人口规模及生产、消费的市场环境也非常有限，县域经济要发展，必须依靠与外界的联系，发挥县域比较优势，占据外源市场空间，同时获取所需产品，在竞争合作机制下扩大市场空间。第三，县域再生产过程的有限市场性。我国国民经济一直在市场和政府的共同作用下运行，县域经济作为国民经济的子系统，必须要将市场的导向和政府的引导相结合。

2.2　文献综述

本书主要涉及交通网络、城镇化、县域经济及空间效应几个关键词，重点在于对交通网络、城镇化对县域经济增长的内在关系及空间效应进行分析，因此基于 CiteSpace5.3 软件及知识图谱分析原理，构建关键词共现网络，对 Web of Science（WOS）和中国社会科学引文索引（Chinese Social Science Citation Index，CSSCI）中 1998~2018 年相关研究文献进行可视化分析，根据文章研究涉及的主要关键词，在层层递进的基础上，对相关文献进行回顾和分析。

2.2.1　关于交通网络的研究

2.2.1.1　国内外交通网络的研究概况

交通网络是要素流动的主要载体，交通网络的快速发展提升了人们的出行效率，压缩了城市距离，成为了经济发展和城镇化的先行条件。随着交通网络的形成，近年来学术界开始关注交通网络发展带来的变化。本书结合经典文献及 Web of Science 数据库和中国社会科学引文索引检索到的相关文献，对国外和中国交通网络相关研究进行综述。数据来源为 2018 年 10 月通过 WOS 和 CSSCI 获取的

---

① 秦兴方，田珍. 县域经济发展的动力结构及其变迁规律［M］. 北京：经济科学出版社，2017.

经济学科类关于交通网络研究的相关文献，基于关键词"交通网络"进行文献检索，年限为 1998~2018 年，WOS 检索到文献 102 篇，CSSCI 共有 569 篇相关文献，对检索的文献进行去重、阅读和删选，得到 345 条有效数据。从检索到的文献年限看，主要集中在 2000 年以后。将以上搜索文本作为原始数据，导入 CiteSpace5.3 中进行转换，得到知识图谱网络分析数据。其中包括交通网络和城镇体系的研究及交通网络和经济增长的研究。

交通网络是区域空间或地理空间发展到一定阶段的必然产物，它的形成是区域之间要素、信息及人的流动的结果。发达国家由于基础设施建设得相对较早，因此关于交通网络的研究也相对较早。交通网络的研究，由于学科属性的不同，主要分为两方面：一是复杂网络科学空间网络拓扑结构的研究，以美国圣塔菲研究所（Santa Fe Institute，SFI）为代表；二是经济学和地理学分析框架下，区域科学在研究空间问题时，引入复杂网络理论和方法的研究，这样的研究最开始在英国流行，重点研究城市体系及世界中心城市，以全球化与世界城市研究网络为代表。

随着复杂网络和社会科学的交叉发展，交通网络的研究也得到了国内学者的关注。关于空间交通网络的研究，20 世纪末在我国已经有了比较成熟的理论，但通过交通网络分析空间结构和空间关系的文章从近几年才开始。我国关于交通网络的研究主要分为两类：一类是引进西方成熟的分析方法，分析中国或各区域的交通网络问题；另一类是以张文尝、金凤君、王姣娥等为代表的国内交通网络研究者，在交通运输网及相关理论基础上分析交通网络问题。从文献互引和聚类分析可以看到，交通网络的研究主要应用了社会网络分析方法，探索的问题主要是城市网络、空间结构和空间关联等。

现代区域经济发展呈现出网络化发展趋势。[①] 基于社会网络分析方法和复杂网络理论，在空间研究中已经形成了一种网络化思维模式和交通网络研究的新领域。桑曼乘等（2014）认为，当前的区域经济网络研究建立在经济学的分析框架之下，在分析过程中充分考虑到区位、地理环境、空间等因素对经济活动和网络主体的影响，运用复杂网络分析工具时，更加注重考虑其带来的经济效用和其对经济增长的效率产生的影响。[②] 通过借鉴复杂性理论的分析方法，能更细致地刻画城市网

① 桑曼乘. 区域经济网络的增长效应研究 [D]. 暨南大学博士学位论文，2015.

② 桑曼乘，覃成林. 国外区域经济研究的一个新趋势——区域经济网络研究 [J]. 人文地理，2014，29（3）：28-34.

络的空间格局（郑蔚，2015）。① 网络型的空间发展模式早在西方发达国家政府、学界及建筑规划中得到广泛的研究和应用，20 世纪 80 年代开始应用于经济学领域，形成了网络分析范式。在该分析范式下，传统的区域和空间研究被新的地区、"流"和网络所代替。② 区域经济网络是近年来国外区域经济领域研究的一大热点，这与社会经济发展的时代特征息息相关。随着交通基础设施建设、信息技术的发展及经济全球化趋势的加快，交通网络逐步成为当前研究区域结构的主要载体。

区域经济学者和经济地理学者在研究区域问题时，从网络视角切入分析交通、城市关系、产业、信息等，已经有较多文献，这对区域经济的发展是非常重要的，并且研究呈现逐年递增和交叉引用的现象。张闯等（2007）应用社会网络分析的测度方法，对中国城市间流通网络的整体属性及其层级结构进行了研究。③ 随着全球城市网络的显现，借助各种属性数据探索垂直层面的联系将是一个重要方向，不同尺度下的城市与区域间的网络结构、功能和关系研究将成为关注的重点（柳坤等，2014）。④

从 1998～2018 年来看，国内关于交通网络的研究大概分为三个阶段：第一阶段（1983～1994 年）为研究初期，成果不多，主要是对西方研究的引进和介绍；第二阶段（1995～2010 年）是交通网络问题产生与展开阶段；第三阶段（2011 年至今）为快速发展和深入阶段，对交通网络的发展有了全方位的探索。

国内主要研究力量集中在高校，其中华东师范大学、中国科学院地理研究所等对交通网络的关注最多，南京大学的甄峰、中国科学院地理研究所的王姣娥、华东师范大学的曾刚和宁越敏及中国海洋大学的马学广等的文献引用率排名最高。交通网络的研究更多的还是刊登在地理学类期刊中，被引文献数量前 10 期刊中，《地理学报》占第一，引文数量达到 104 篇，其后依次是《经济地理》（101 篇）、《地理研究》（88 篇）、《地理科学》（83 篇）、《地理科学进展》（55 篇）、《人文地理》（55 篇）、《地域研究与开发》（35 篇）、《中国工业经济》（34 篇）、《中国软科学》（32 篇）、《城市发展研究》（26 篇）。图 2－2 为主要刊发期刊。

① 郑蔚. 基于复杂性理论的城市经济网络研究进展与展望 [J]. 地理科学进展，2015，34（6）：676－686.

② 苗洪亮，周慧. 城际联系强度对城市群经济效率的影响：对中国十大城市群的实证分析 [J]. 产经评论，2018，9（5）：139－152.

③ 张闯，孟韬. 中国城市间流通网络及其层级结构——基于中国连锁企业百强店铺分布的网络分析 [J]. 财经问题研究，2007（5）：34－41.

④ 柳坤，申玉铭. 国内外区域空间相互作用研究进展 [J]. 世界地理研究，2014，23（1）：73－83.

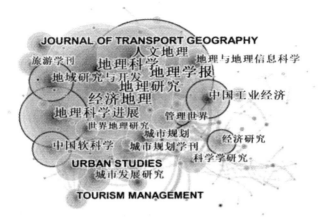

图2-2 主要刊发期刊

学者们较为关注的研究区域主要集中于长三角及各城市群。李鑫等（2016）以长江三角洲、珠江三角洲、京津冀三大城市群为例，运用复杂网络理论构建高速铁路物理网络和出行网络，计算网络的平均度、集聚系数、平均最短路径、中心性、网络密度等指标。[①] 刘宏鲲和周涛（2007）对中国城市航空网络分析发现，航空网络具有短的平均路径长度和大的簇系数，且其度分布服从双段幂律分布，是一个小世界网络。[②] 赵月等（2009）列举了两种将城市交通网络抽象为复杂网络的方法，探讨了各自存在的不足，并从网络实证、网络演化机制、网络演化性质、网络动力学和网络结构稳定性五个方面总结了复杂网络理论在城市交通网络分析中的研究进展，指出了目前存在的问题，最后给出了城市交通网络复杂性研究的几个可能方向。[③] 高自友等（2006）认为，从理论上全面研究城市交通网络结构及城市交通系统复杂性，对切实提高整个路网承载能力，充分利用现有交通资源，科学地制定城市交通的发展战略规划具有重要的理论与实际意义。[④]

2.2.1.2 交通网络与城镇化相关研究

世界城市体系已走向网络化研究的新趋势，主要通过航空流、互联网骨架、

---

① 李鑫，郭进利，张禹. 三大城市群的高速铁路网络特征对比分析：基于复杂网络视角 [J]. 资源开发与市场，2016，32（6）：703-707.

② 刘宏鲲，周涛. 中国城市航空网络的实证研究与分析 [J]. 物理学报，2007（1）：106-112.

③ 赵月，杜文，陈爽. 复杂网络理论在城市交通网络分析中的应用 [J]. 城市交通，2009，7（1）：57-65.

④ 高自友，赵小梅，黄海军，毛保华. 复杂网络理论与城市交通系统复杂性问题的相关研究 [J]. 交通运输系统工程与信息，2006（3）：41-47.

网络生产性服务业等跨国公司的全球扩张与空间重组来研究世界城市体系的组织形式与变化。① 快速发展的经济、技术、信息在全球化的进程中，浮现了一个网络化的新社会。用地方空间衡量的距离正在逐步被流动的空间距离代替。

城镇化与交通基础设施的关联机制研究主要集中于交通设施可达性对城镇化的影响。② 城市空间结构的演变与交通方式的变革有密切关系（徐银凤，2018），每一次交通方式的变革都会带动城市空间结构的变化（Allen，1987）。③ 交通时代，城市有了前所未有的扩张力，集聚和扩散开始共同影响城市形态的演变（姚士谋等，2001）。④ 快速交通体系通过对时空的压缩正逐步改变传统的空间关系，区域空间不再是地方空间，而是流动空间（方大春等，2014）。⑤ 张文尝认为，交通经济带是"点轴开发理论"的重要表现形式，并且较早构建了铁路运输网。在此理论基础上，很多学者基于可达性实证分析了区域经济空间关联，认为可达性变化将影响空间结构（金凤君，2013）。⑥ 交通网络导致的城市通达性变化促进人口集聚，缩短了距离，使外围区域更接近中心区域。区域高铁服务对旅游市场和旅游行为产生了重大影响。⑦ Spence 等（1994）指出，英国高速公路网络的加强将影响到城市之间的可达性。⑧ Murayama（1994）分析了日本交通网络对城市体系发展的影响。⑨ 陈彦光（2004）通过实证分析发现，交通网络与城镇化相互影响，在建设过程中需要同步进行。⑩ Juan 等（2012）通过实证分析发现，交

① Derudder B. , Taylor P. , Ni P. , et al. Path Ways of Change： Shifting Connectivities in the World City Network, 2000 – 08 ［J］. Urban Studies, 2010, 47（9）: 1861 – 1877.

② 戴晓峰，姜莉，陈方. 云南省县域城镇化与交通优势度的时空协同性演化分析 ［J］. 地理科学，2017, 37（12）: 1875 – 1884.

③ Allen W. B. Value Capture in Transit ［J］. Journal of the Transportation Research Forum, 1987, 28（1）: 24 – 27.

④ 姚士谋，顾朝林，Kamwing Cheng. 南京大都市空间演化与地域结构发展策略 ［J］. 地理学与国土研究，2001（3）: 7 – 11.

⑤ 方大春，孙明月. 高铁时代区域空间结构重构研究 ［J］. 当代经济管理，2014, 36（2）: 63 – 66.

⑥ 金凤君. 基础设施与经济社会空间组织 ［M］. 北京：科学出版社，2013.

⑦ Gutierrezz J. , Urbano P. Accessibility in the European Union： The Impact of the Trans – European Road Network ［J］. Journal of Transport Geography, 1996, 4（1）: 15 – 25.

⑧ Spence N. , Linneker B. Evolution of the Motorway Network and Changing Levels of Accessibility in Great Britain ［J］. Journal of Transport Geography, 1994, 2（4）: 247 – 264.

⑨ Murayama Y. The Impact of Railways on Accessibility in the Japanese Urban System ［J］. Journal of Transport Geography, 1994, 2（2）: 87 – 100.

⑩ 陈彦光. 交通网络与城市化水平的线性相关模型 ［J］. 人文地理，2004（1）: 62 – 65.

通在区域均衡发展中也有重要的作用。[1]

2.2.1.3　交通网络与经济增长相关研究

交通网络对空间结构优化和社会经济的发展具有长期作用。交通网络与经济发展的关系可以分为三类（见图 2−3）：交通是经济发展的先行条件；基础设施滞后于经济发展；交通基础设施是经济发展的主要影响因素之一。[2] 经济学研究中更倾向于第三种观点，认为交通和经济之间是相互作用关系。

汪三贵等（2015）通过微观实证分析发现，公路的可获得性与贫困人口的劳动力迁移有正相关关系。[3] 李楠（2010）利用近代中国东北地区的铁路发展与人口流动的数据资料分析发现，与其他影响移民的决定因素相比，交通的发展扮演着更加重要的角色。[4] 马伟等（2012）以火车通车时间为变量，分析得出火车时速对人口迁移的弹性为0.8%。而韩悦臻等（2008）认为，经济的增长会带动交通的发展，GDP每增长1%，交通运输规模将增长0.6%。[5]

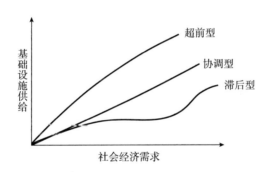

图 2−3　基础设施与经济发展的关系

资料来源：金凤君（2012）。

①　Juan P. B. S., Daniel R. O. H. Transport Accessibility and Social in−Equities: A Tool for Identification of Mobility Needs and Evaluation of Transport Investments [J]. Journal of Transport Geography, 2012, 24 (3): 142 −154.

②　金凤君. 基础设施与经济社会空间组织 [M]. 北京：科学出版社, 2012: 228 −234.

③　汪三贵, 王彩玲. 交通基础设施的可获得性与贫困村劳动力迁移——来自贫困农户的证据 [J]. 劳动经济研究, 2015, 3 (6): 22 −37.

④　李楠. 铁路发展与移民研究——来自1891 ~1935 年中国东北的自然实验证据 [J]. 中国人口科学, 2010 (4): 54 −66, 111 −112.

⑤　韩悦臻, 尚春青. 交通运输与经济发展关联性分析 [J]. 公路, 2008 (9): 345 −349.

交通基础设施直接促进经济增长的同时，又可以通过溢出效应间接地促进经济增长，也就是说，交通基础设施具有正外部性。同时，交通基础设施具有规模效应和网络效应（Hulten et al.，2006）。[①] 这种效应既可以通过提高产出效率促进经济增长，又可以通过引导发达地区对落后地区经济增长的溢出效应来促进经济增长。交通基础设施的改善还可以通过降低交通成本从而导致规模经济和聚集经济，这有助于经济增长效率的提高和区域经济的协调发展。其他省份的经济增长对本省的溢出效应可以间接地促进本省的经济增长（Charles，2006）。交通基础设施的发展会在很大程度上使交通成本降低，通过区域间的贸易和要素交流促进区域经济的均衡发展。胡鞍钢等（2009）从理论和实证两个维度验证了交通运输对中国经济发展的外部溢出效应。[②] 张学良（2012）对中国省级面板数据实证分析发现，中国交通基础设施对区域经济增长的系数在 0.05～0.07，表明其对中国区域经济增长具有重要的作用，并且证明了中国交通基础设施对区域经济增长的空间溢出效应非常显著。[③]

交通优势度与经济增长水平呈显著正相关关系，交通是区域经济增长的重要原因。罗斯托较早将交通等基础设施视为社会先行资本，认为交通等基础设施发展是实现"经济起飞"的一个重要前提条件。[④] 交通基础设施具有网络属性，它将各个区域的经济活动连成一个整体，通过扩散效应使经济增长较快区域带动增长较慢区域的经济发展，从而表现为正的空间溢出作用。同时，交通基础设施又会产生负的空间溢出作用，通过集聚效应，使生产要素更方便地流向经济发达地区，在这种情况下，一个区域的经济增长可能会以其他区域的经济衰退为代价，使当地的经济活动转移到其他地区。

2.2.2 城镇化与经济增长相关研究

关于城镇化与经济增长的研究文献较多，主要包括城镇化促进经济增长的作

① Hulten, C., Bennathan E., Srinivasan S. Infrastructure, Externalities, and Economic Development: A Study of the Indian Manufacturing Industry [J]. World Bank Economic Review, 2006, 20 (2): 291 – 308.

② 胡鞍钢，刘生龙. 交通运输、经济增长及溢出效应——基于中国省际数据空间经济计量的结果 [J]. 中国工业经济，2009 (5): 5 – 14.

③ 张学良. 中国交通基础设施促进了区域经济增长吗——兼论交通基础设施的空间溢出效应 [J]. 中国社会科学，2012 (3): 60 – 77, 206.

④ W. W. Rostow. The Stages of Economic Growth a Non Communist Manifesto [M]. Cambridge University Press, 1960.

用机制、城镇化对经济增长作用机制的异质性、城镇化的减贫效应及城镇化对经济增长可能产生的负面影响等方面。

城镇化是经济活动集聚的一个过程，城镇化对经济增长具有很大的促进作用。国外学者较早验证了美国等95个国家城市发展与经济增长之间的正相关关系，城镇化水平高的地区，经济发展得更好，是一种线性相关。[①] 周一星（1995）较早对157个国家和我国城镇化进程与经济发展水平之间存在的长期稳定的均衡关系进行了分析。[②] 随着农业生产率提高、人们收入水平增加、农村劳动力剩余，城镇化是经济发展的必然趋势，工业化和城镇化对缓解农村贫困问题做出了积极贡献。中华人民共和国成立后，经过几十年的发展，我国的主要问题已经从"吃、穿、用"过渡到"住、行、学"等方面，城镇化过程就能解决这些问题，而城镇经济发展将是一场更为深刻的变革，必然引致思想观念、生活方式和行为方式等一系列的转变。[③]

城镇化的基本特征即要素集聚，聚集经济是城镇化的基本动力。经济增长引起城镇聚集、规模扩大和城镇化水平提高，城镇化反过来对经济增长也有明显的推动作用，集聚效应和规模报酬递增是城镇化促进经济增长的主要作用机制，主要体现在产业在时间和空间维度的集中，通过城镇化确实可以使经济增长的相关要素得到很好的集聚，从而对经济发展产生良好的传导效果。城镇化意味着经济结构效率的提升，从而通过外部性对周围经济产生影响。李恒（2019）通过对十大城市群的分析发现，城市群经济联系对城市经济增长的作用显著。[④]

城镇化对经济增长的内在机制不同，因此，在不同地区城镇化对经济增长的作用存在异质效应。龙花楼等（2016）基于要素流动的视角，分析发现不同地区的城镇化对区域经济增长、社会发展进步和生态环境改善等方面的影响方向和影响强度差异明显。[⑤] 陈明星等（2010）认为，东部沿海地区城市化超前经济发

① Lampard E. Economic Development and Cultural Change［M］. Chicago：The University of Chicago Press，1955.

② 周一星. 城市地理学［M］. 北京：商务印书馆，1995.

③ 王国刚. 城镇化：中国经济发展方式转变的重心所在［J］. 经济研究，2010，45（12）：70－81，148.

④ 李恒. 人口集中、城市群对经济增长作用的实证分析——以中国十大城市群为例［J］. 河南大学学报（社会科学版），2019，59（1）：43－52.

⑤ 龙花楼，屠爽爽，戈大专. 新型城镇化对扶贫开发的影响与应对研究［J］. 中国科学院院刊，2016，31（3）：309－319.

展，中西部地区城市化滞后经济发展。① 王鹏飞和彭虎锋（2013）通过实证分析发现，城镇化对中部地区农民收入的带动作用最大，东部地区次之，西部地区最小。② 单德朋等（2015）认为，城镇化通过集聚外部性所带来的生产效率提高实现减贫，因此，核心城市对农村地区和贫困地区的减贫效果更为显著，东部地区二级城镇的减贫影响更大。③ 刘彦随等（2012）发现，越是贫困的地区，城镇化水平越低，表现为城镇化分布的空间差异。北方边境县域高城镇化和东部沿海县域高城镇化形成的"人字形"空间形态逐渐凸显，西南地区、青藏高原地区保持较低的城镇化水平。④

城镇化存在减贫效应，通过城镇化来推动经济增长是我国全面建成小康社会和脱贫攻坚的重要战略之一。党的十八大提出推进新型城镇化和城乡发展一体化，2014 年国务院印发了《国家新型城镇化规划（2014 - 2020）》，明确提出城镇化是经济增长和全面建设小康社会的战略之一，为研究解决贫困问题指明了方向。⑤ 新型城镇化发展为反贫困创造了良好的环境，强调以人为本的发展理念，也就意味着教育、医疗卫生、社会保障等公共服务的完善和居民生活水平的提高。因此，两者在一定程度上具有契合性，即新型城镇化能促进反贫困的实现，实现反贫困要求发展新型城镇化，建议加快城镇化进程并防止城镇内部基尼系数的扩大。⑥ 宋元梁和肖卫东（2005）认为，长期的正向交互响应作用程度更显著、更稳定，因此需要有长期的城镇化促农政策，从而使贫困人口比例下降。⑦ 随着新型城镇化的推进，民族地区经济增长减贫作用弱化，资源开发成果的共享程度低，惠及民生的公共服务供给严重不足，贫困问题突出，反贫困已然成为民族地区城镇化的首要任务。

① 陈明星，陆大道，刘慧. 中国城市化与经济发展水平关系的省际格局［J］. 地理学报，2010，65（12）：1443 - 1453.

② 王鹏飞，彭虎锋. 城镇化发展影响农民收入的传导路径及区域性差异分析——基于协整的面板模型［J］. 农业技术经济，2013（10）：73 - 79.

③ 单德朋，郑长德，王英. 贫困乡城转移、城市化模式选择对异质性减贫效应的影响［J］. 中国人口·资源与环境，2015，25（9）：81 - 92.

④ 刘彦随，杨忍. 中国县域城镇化的空间特征与形成机理［J］. 地理学报，2012，67（8）：1011 - 1020.

⑤ 刘彦随，周扬，刘继来. 中国农村贫困化地域分异特征及其精准扶贫策略［J］. 中国科学院院刊，2016，31（3）：269 - 278.

⑥ 陈建东，戴岱. 加快城镇化进程与改善我国居民的收入不平等［J］. 财政研究，2011（2）：48 - 52.

⑦ 宋元梁，肖卫东. 中国城镇化发展与农民收入增长关系的动态计量经济分析［J］. 数量经济技术经济研究，2005（9）：31 - 40.

城镇化对经济增长有促进作用逐渐形成共识的同时，学术界也出现了质疑的声音。Henderson（2003）提出，城镇化本身并不会带动经济增长。[①] 李金昌和程开明（2006）通过实证分析发现，经济增长对城市化产生较大的正向冲击效应，而城市化对经济增长的作用强度不大，而城市的蔓延造成城市资源的过度开发，贫困人口进入城市，还会对城市人口带来负面冲击，同时城市建设对传统文化也会形成冲击。[②] 陆大道等（2007）认为，中国的城镇化是比较冒进的，[③] 会产生掠夺弱势群体和弱势区域的资源、资金、技术、人才、项目、政策偏好、生态、环境容量，转嫁各种污染等一系列不公平、非合理的经济社会活动行为，城镇化的进程也是一种剥夺的过程。[④] 并且，外来流动人口由于就业岗位低端、收入不稳定及社会保障不健全等问题，形成了新增城市贫困人口群体。城镇化水平并不高的时候，鼓励资本密集型部门优先发展的政府策略造成城市部门就业需求的相对下降，进而延缓城市化进程，农村居民不能有效地向城市转移，城乡收入差距扩大。城镇化显著加剧了区域收入分配失衡。欠发达地区的城镇化对经济增长的带动作用有限。城镇化与经济水平适应才能促进经济发展，城镇化水平过高或过低对经济增长都是不利的。中国大多数地区城镇化水平还是比较低的，特别是地级市城镇规模只达到了最优规模的一半。由于城镇化和收入不平等呈现倒"U"型关系，临界值取决于城乡平均收入和城乡内部各自的泰尔指数值，为了把贫富差距控制在一定范围内，中国必须在2030年左右把城镇化率提高到80%左右。[⑤] 而城乡分割的行政管理制度、城市偏向的教育经费投入、歧视性的社会福利和保障体系等都是城镇化进程中需要解决的问题。

2.2.3 县域经济发展相关研究

国外的行政区划与我国有较大区别，县域经济发展相关文献较少，而我国关于县域经济理论和实证的研究文献较多，本书重点对我国发展县域经济的重要

① Henderson J. V. Urbanization and Economic Development [J]. Annals of Economies and Finance, 2003 (4): 275 – 341.

② 李金昌，程开明. 中国城市化与经济增长的动态计量分析 [J]. 财经研究，2006 (9): 19 – 30.

③ 陆大道，姚士谋，刘慧等. 2006中国区域发展报告：城镇化进程及空间扩张 [M]. 北京：商务印书馆，2007.

④ 方创琳，刘海燕. 快速城市化进程中的区域剥夺行为与调控路径 [J]. 地理学报，2007 (8): 849 – 860.

⑤ 万广华. 2030年：中国城镇化率达到80% [J]. 国际经济评论，2011 (6): 5, 99 – 111.

性、县域经济发展模式、县域经济空间格局演变及县域经济发展影响因素进行综述。

县域经济是指县域范围内各种经济成分有机构成的一种区域经济，县域经济的发展对国家和各省的社会经济发展水平具有十分重大的影响。县域经济是国民经济发展的基本支柱，关系到区域协调和城乡统筹发展。国家许多政策和战略的实施都是以县作为操作平台，中国地区竞争的重要特征也是县之间的多元博弈。① 2002 年党的十六大报告中明确提出了壮大县域经济的理念，之后政府报告中都有关于县域经济发展的指导，县域经济相关研究也得到更多关注。县域经济发展的提出有着特殊的历史和社会背景：第一，我国县级行政区划管辖的地域之内，生活着占我国 80% 的人口，而在县域内则基本没有国家中大型企业。第二，县域经济发展差距大，改革开放后，东、西部地区差异扩大，经济发展较好县域位于沿海岸带、京广线和长江沿岸三大经济增长轴；经济发展较差县域主要位于西部地区。② 特别是 20 世纪 90 年代后，沿海地区的县域经济发展较快，在产业发展和政策的支持下，各中小企业在这些地区落户，吸引了大量的物力、人力，城乡发展差距逐渐缩小。而西南地区的县域经济发展主要以劳务输出及传统的工农业为主，如今县域经济发展仍然缓慢。

随着实践中的成功探索，学者们也总结了县域经济发展的成功模式。赵伟（2007）认为，县域经济主要有四种发展模式：工业驱动型、农业驱动型、第三产业驱动型、资源禀赋驱动型。③ 工业主导模式，如"苏南模式"通过大力发展乡村集体企业促进县域经济快速发展，是一种重点探索农村工业化道路的县域经济发展模式。农业主导模式，如"农安模式"，是通过农业产业化经营带动县域经济社会全面进步的发展模式。④ 这些成功的发展模式是县域在发展经济方面积极探索的成果，是基于中国实践的发展经济学的实验范本。这些不同的发展模式具有不同的适应性和条件要求，在资金结构、产业结构、市场机制等方面表现出不同的特征，并且都具有相应的优势与劣势，在借鉴其发展中要注意不能一成不变。总之，要促进县域经济的快速发展，必须选择、打造和充分发挥县域经济的比较优势。

① 张五常. 中国的经济制度 [M]. 北京：中信出版社，2012.

② 李小建，乔家君. 20 世纪 90 年代中国县际经济差异的空间分析 [J]. 地理学报，2001（2）：136-145.

③ 赵伟. 县域经济发展模式：基于产业驱动的视角 [J]. 武汉大学学报（哲学社会科学版），2007（4）：481-486.

④ 王青云. 县域经济发展的理论与实践 [M]. 北京：商务印书馆，2003.

在县域经济研究中，很多学者也关注了不同地区县域发展的差距，由于县域经济的区域性，在研究中引入了空间计量方法。中国地域辽阔，县情各异，东、中、西部乃至同一地区的不同县域在区位、资源禀赋、经济基础等经济发展的先决条件上存在着巨大差异。① 地理区位条件是影响区域经济发展的重要因素之一，不仅影响到区域开发的次序与机遇，还关系到区域经济的发展水平和发展速度。就中国百强县的总体特征而言，其在空间分布上呈"东多西少、强省强县"的区域格局，这与中国经济发展过程中东、中、西三大区域经济发展的态势基本一致。② 在省际边界区，县域经济发展具有显著的空间贫困集聚性。③ 随着县域非农产业的迅速发展，县域经济已经呈现出不同的形态。县域经济发展是由农村向城镇转型的空间格局演变过程，在长期的历史演变与发展中，中国县域经济形成了农村性、地域性、层次性、综合性和不平衡性等基本特点。由于数据和样本获取难度较大，大部分实证研究都是从某一区域或省份进行的。蒲英霞等（2005）对江苏省县域总体和局部空间差异的变化趋势进行分析发现，江苏省县域经济空间差异在总体上呈现缩小趋势。④ 彭宝玉和覃成林（2007）分析发现，河南省县域经济有差异扩大趋势。⑤ 李小建等（2017）也得到了相同的结论。赵莹雪（2003）以广东省县市（区）为研究单元，发现在空间上形成了珠三角发达型县域经济繁荣和高速增长与山区欠发达县域经济落后和发展缓慢的鲜明的"二元结构"。⑥ 仇方道等（2009）分析淮海经济区发现，高水平县域沿主要交通线方向扩展，低水平县域沿京九线形成不发达走廊，并在豫皖边界地区出现低水平—低增长并陷入贫困陷阱的集聚区。⑦

关于县域经济发展的影响因素，交通和城镇化是比较重要的方面。张娟娟等

① 宋效中，贾谋，骆宏伟. 中国县域经济发展的三大模式 [J]. 河北学刊，2010，30（3）：136 – 139.

② 李泉. 中国县域经济发展 40 年：经验与启示 [J/OL]. 石河子大学学报（哲学社会科学版），2019（1）：1 – 2.

③ 曹小曙，徐建斌. 中国省际边界区县域经济格局及影响因素的空间异质性 [J]. 地理学报，2018，73（6）：1065 – 1075.

④ 蒲英霞，葛莹，马荣华，黄杏元，马晓冬. 基于 ESDA 的区域经济空间差异分析——以江苏省为例 [J]. 地理研究，2005（6）：965 – 974.

⑤ 彭宝玉，覃成林. 河南县域经济实力评价及空间差异分析 [J]. 地域研究与开发，2007（1）：45 – 49.

⑥ 赵莹雪. 广东省县际经济差异与协调发展研究 [J]. 经济地理，2003（4）：467 – 471.

⑦ 仇方道，朱传耿，佟连军，杨如树. 淮海经济区县域经济差异变动的空间分析 [J]. 地理科学，2009，29（1）：56 – 63.

（2015）分析发现，交通可达性与县域经济联系强度具有显著的相关性。[①] 高铁的建设将会通过促进地区经济溢出而改变经济空间布局，推动经济发展。高速铁路建设对区域经济增长的影响机理已经得到多数学者的论证。李新光等（2018）认为，福建县域经济增长存在明显的空间集聚性和正向空间溢出效应，并且高铁通达时间权重下的县域经济增长的溢出效应比邻接权重下的空间溢出效应更显著。[②] 城镇化是县域经济发展的持久动力，县域城镇化是推进新型城镇化进程的重要内容，县域城镇化空间发展往往与经济空间发展密切相关。无论从长期还是短期来看，我国城镇化发展与县域经济增长都是互为因果的关系，城镇化发展促进经济发展，经济发展又带动城镇化发展。县域城镇是县域经济发展的重要载体，县域工业化需要以城镇化为支撑。吴玉鸣（2007）通过对 2000 年中国 2030 个县域数据的实证分析发现，县域经济增长存在空间集聚现象，有显著的空间依赖性。[③] 杜挺等（2014）认为，重庆市 40 个区县有显著的空间自相关。[④] 江雨珊等（2019）通过实证分析发现，滇西边境山区 56 个国家级贫困县贫困程度在空间上显著正相关。[⑤]

2.2.4 经济增长空间效应相关研究

空间视角的引入对于区域经济研究意义重大，越来越多的学者重视区域系统，如环境、文化、经济、社会等在空间上的表现和影响。区域空间作为人类活动的物质载体并非独立存在，而是在不间断地进行物质、能量、人员、信息等的交换，这种时空上的交换就像是区域空间的相互作用，使区域之间在空间上相互依赖。

空间计量经济学中把空间效应分为空间依赖性与空间异质性，它们都是基于空间位置和范围的经济活动现象。[⑥] 空间依赖性也叫空间溢出效应（Spillover

① 张娟娟，米文宝，郑芳，郭永杰. 宁夏县域经济空间联系研究［J］. 干旱区资源与环境，2015，29（7）：47 – 53.

② 李新光，黄安民. 高铁对县域经济增长溢出效应的影响研究——以福建省为例［J］. 地理科学，2018，38（2）：233 – 241.

③ 吴玉鸣. 县域经济增长集聚与差异：空间计量经济实证分析［J］. 世界经济文汇，2007（2）：37 – 57.

④ 杜挺，谢贤健，梁海艳，黄安，韩全ství. 基于熵权 TOPSIS 和 GIS 的重庆市县域经济综合评价及空间分析［J］. 经济地理，2014，34（6）：40 – 47.

⑤ 江雨珊，戢晓峰，陈方. 滇西集中连片特困地区县域贫困的时空演变特征及形成机制［J］. 资源开发与市场，2019，35（2）：222 – 228.

⑥ 孙久文，姚鹏. 空间计量经济学的研究范式与最新进展［J］. 经济学家，2014（7）：27 – 35.

Effect），是基于地理环境的空间外部性，与直接效应对应，强调的是一个区域的经济发展对其他区域经济发展的带动作用（潘文卿，2012）。① 区域科学真正的意义在于将研究的目光集中到区域的空间维度之上（杨开忠和薛领，2002）。② 关注地区之间经济增长存在的空间相关和空间依赖，这是地理空间现象和空间过程的本质特征，也是现实世界存在秩序、格局和多样性的根本原因之一（马荣华等，2007）。③ 学者用传统计量对属性数据及它们之间的关系做了很多的研究，他们逐渐开始注意到空间的位置信息必然会对地区的增长和发展带来影响，因此，将位置信息通过转换，加入经典模型分析用来解释问题。Johnston（1984）较早将空间自相关简要概述为线性回归模型中误差依赖的一种形式。④ 但这还不够，从某种意义上而言不均匀性背后的结果是空间的，观测点的位置比属性数据更重要（陈斐，2008）。⑤ 也就是说，空间结构和空间相互关系对经济增长也是很关键的。lsard（1956）提出了空间经济学，此后空间依赖或空间自相关逐渐进入人们的视野。⑥ 其自提出以来，已经形成了大量的空间理论和操作模型，并逐渐渗透到城市和区域政策分析的实践中，后经过 Anselin、LeSage 等的发展，形成了空间计量经济学的理论框架体系，在克鲁格曼新经济地理中形成了完整的理论。空间效应一个非常重要的方面就是考察变量间的空间交互作用（Behrens and Thisse，2007）。⑦ 空间计量经济理论在国内也得到了延伸和广泛应用，王立平（2007）、陈建先（2011）、杨开忠（2018）、孙久文（2014）、张可云（2016）均对空间计量经济模型的发展及进展进行了描述。

空间异质性是指空间结构的非均衡性，表现为主体行为之间存在明显的空间结构性差异。区域经济发展的空间差异具有普遍性（陈斐，2008）。⑧ 人类的经济活动沿着时间和空间两个维度展开，空间维度的表现就是空间异质（郑长

① 潘文卿. 中国的区域关联与经济增长的空间溢出效应 ［J］. 经济研究，2012，47（1）：54-65.

② 杨开忠，薛领. 复杂区域科学：21 世纪的区域科学 ［J］. 地球科学进展，2002（1）：5-11.

③ 马荣华，顾朝林，蒲英霞，马晓冬，朱传耿. 苏南沿江城镇扩展的空间模式及其测度 ［J］. 地理学报，2007（10）：1011-1022.

④ Johnston J. Econometric Methods（3rded）［M］. New York：Mc Graw-Hill，1984.

⑤⑧陈斐. 区域空间经济关联模式分析——理论与实证研究 ［M］. 北京：中国社会科学出版社，2008.

⑥ Isard W. Location and Space-economy ［M］. Massachusetts：The MIT Press，1956.

⑦ Behrens K.，J. F. Thisse. Regional Economics：A New Economic Geography Perspective ［J］. Regional Science and Urban Economics，2007，37（4）：457-465.

德，2014）。① 空间异质由空间结构决定，表现为变量或结构的空间非平稳性。正因为空间数据具有空间非平稳性的特征，从全局探索空间自相关对区域的掌握并不够，随着空间数据的可得性提高、GIS可视化技术发展和其他相关软件的开发，局部分析引起了大家的兴趣。传统的线性回归模型只是对参数进行平均或全局估计，其分析结果不能全面反映空间数据的真实特征，而地理加权回归（Geographical Weighted Regression，GWR）模型进行的"局部"估计能够反映参数在不同空间的非平稳性，是一种相对简单而又有效的探测法（覃文忠等，2005）。② 在地理加权回归时，使用了空间关系作为权重加入到运算中，利用邻近观测值的数据信息进行局域回归估计得到变异系数（韦米佳，2009）。③ 该分析强调区位空间属性的重要性，同时突出了经济因素的空间关联性，为传统偏重经济综合研究加入了区域位置影响的重要分析，实证结果和政策建议更为可信（吴玉鸣和李建霞，2006）。④ 地理加权回归方法的主要贡献是使用数据子样本的距离权重在空间上对每个点进行局部线性回归估计（崔长彬等，2012）。⑤

空间异质性研究最重要的进展是地理加权回归方法的应用，该方法通过估计随空间位置而变化的模型参数，反映和处理模型中的空间异质性问题。经济活动在空间上的集聚是区域不均衡发展的最主要因素，苏方林（2005）应用GWR方法对辽宁省2004年27个县域人均GDP的影响因素进行研究，分析了劳动力投入、资本投入、产业结构及乡镇企业数等变量对经济影响的差异性。⑥ 吴玉鸣（2007）在新增长理论和新经济地理学理论基础上，对我国2030个县域进行分析，认为经济增长存在集聚与空间差异。⑦ 崔长彬等（2012）用GWR模型分析

---

① 郑长德. 空间经济学与中国区域发展：理论与实证研究［M］. 北京：经济科学出版社，2014.

② 覃文忠，王建梅，刘妙龙. 地理加权回归分析空间数据的空间非平稳性［J］. 辽宁师范大学学报（自然科学版），2005（4）：476–479.

③ 韦米佳. 中国宏观经济内生增长因素分析——基于地理加权回归（GWR）模型的实证分析［J］. 中国经济问题，2009（3）：24–30.

④ 吴玉鸣，李建霞. 基于地理加权回归模型的省域工业全要素生产率分析［J］. 经济地理，2006（5）：748–752.

⑤ 崔长彬，姜石良，张正河. 河北县域经济影响因素的空间差异分析——基于贝叶斯地理加权回归方法［J］. 经济地理，2012，32（2）：39–45.

⑥ 苏方林. 基于地理加权回归模型的县域经济发展的空间因素分析——以辽宁省县域为例［J］. 学术论坛，2005（5）：81–84.

⑦ 吴玉鸣. 县域经济增长集聚与差异：空间计量经济实证分析［J］. 世界经济文汇，2007（2）：37–57.

了人力资本、物质资本、外资、城镇化、交通基础设施等对河北省县域经济的空间异质性。① 王少剑等（2015）对1990年以来广东区域发展的空间溢出效应进行分解，认为城镇化是主要的驱动因素之一。② 张耀军和任正委（2012）以贵州省山区为对象，应用GWR模型分析了人口分布的空间异质性。③ 庞瑞秋等（2014）以吉林省为例，运用地理加权回归模型分析了人口城镇化发展的空间异质性。④ 朱永凤等（2017）基于GWR模型分析了新疆旅游景区空间异质性，认为交通有显著影响。⑤ 方远平和谢蔓（2012）运用GWR模型分析了我国省域创新要素对创新产出影响的空间差异。⑥ 孙久文等（2014）认为，城镇化率、固定资产投资、劳动力投入、产业结构、对外开放程度等各因素具有一定程度的空间异质性，是区域差距的主要因素。⑦ 王霄鹏和林爱文（2018）通过对湖北省县域经济异质性进行探索，认为城市化水平、工业化水平、固定资产投资、社会消费品零售是主要的影响因素。⑧ 丁建军等（2018）认为，武陵山片区的城镇化减贫效应也具有空间异质性。⑨ 总之，学者们经过理论推导和实证检验，均认为不同尺度的空间异质性是客观存在的，而城镇化、交通基础设施、劳动力投入、资本投入等是主要的驱动因素。

① 崔长彬，姜石良，张正河．河北县域经济影响因素的空间差异分析——基于贝叶斯地理加权回归方法［J］．经济地理，2012，32（2）：39－45．

② 王少剑，王洋，赵亚博．1990年来广东区域发展的空间溢出效应及驱动因素［J］．地理学报，2015，70（6）：965－979．

③ 张耀军，任正委．基于地理加权回归的山区人口分布影响因素实证研究——以贵州省毕节地区为例［J］．人口研究，2012，36（4）：53－63．

④ 庞瑞秋，腾飞，魏冶．基于地理加权回归的吉林省人口城镇化动力机制分析［J］．地理科学，2014，34（10）：1210－1217．

⑤ 朱永凤，瓦哈甫·哈力克，何琛．基于GWR模型新疆旅游景区空间异质性与优化策略研究［J］．湖南师范大学自然科学学报，2017，40（6）：1－8．

⑥ 方远平，谢蔓．创新要素的空间分布及其对区域创新产出的影响——基于中国省域的ESDA－GWR分析［J］．经济地理，2012，32（9）：8－14．

⑦ 孙久文，姚鹏．基于空间异质性视角下的中国区域经济差异研究［J］．上海经济研究，2014（5）：83－92．

⑧ 王霄鹏，林爱文．近十年来湖北省县域经济影响因子变化的分析——基于地理加权回归方法［J］．测绘与空间地理信息，2018，41（10）：145－149．

⑨ 丁建军，周书应．武陵山片区城镇化减贫效应的空间异质性——基于SDE与GWR的视角［J］．中南民族大学学报（人文社会科学版），2018，38（2）：78－83．

2.3　小结与述评

随着交通基础设施建设、大小城市群的形成、信息技术的发展、经济全球化趋势的加快，网络化逐步成为当前区域结构的形态。从理论分析来看，区域经济学、地理经济学都提出了空间网络是空间结构的一种高级形态，并呼吁空间网络化发展，但是并没有形成空间网络的理论体系。当前，关于空间网络的相应理论成果并不丰富，理论水平滞后于城市体系结构的演化进程，难以对网络城市的构建及发展起到应有的指导作用。国内外学者在分析网络相关问题时，主要是把复杂网络当作一种分析工具，虽然已有大量研究成果，但还没有形成统一的网络演化理论分析框架，网络演化机理仍有待深入探讨。区域经济学和复杂网络学科之间的联系较少，基于复杂网络的研究停留在对现象和问题的复杂网络性质分析，没有对问题的前因后果进行深入分析；基于区域科学研究的论文停留在方法的借鉴和应用阶段，很少有理论上的分析和探讨。同时，空间网络结构研究还存在概念的混淆问题。实际研究中，空间网络、区域网络、区域空间网络、交通网络、产业网络该如何归类及其内涵的差别还需进一步区分。基于复杂网络或融合网络因素的区域经济新理论还没有形成。

国内外有大量文献关于交通网络、城镇化、县域经济的理论、模型、实证分析，对这些文献进行梳理发现：

（1）关于交通网络的研究。第一，区域空间结构的时空演变表现出很强的规律性，空间结构与经济的发展有很强的相关性；区域经济学者和经济地理学者在研究区域问题时，从网络视角切入分析交通，"流"空间成为空间相互作用的最真实状态，有了比较完善的理论体系，但是由于数据可得性的限制，实证分析相对滞后。第二，区域之间的"流"是区域网络的具体表现，"流空间"使空间网络复杂但是有规律可循，但区域之间"流"的数据获得并不容易，交通网络成为区域之间相互作用和"流"数据获取的主要来源之一。交通网络相对能获得较多的数据，研究呈现逐年递增和交叉引用的现象，构建交通网络的载体和方法有了很大的创新和突破，交通网络是当前空间结构的普遍形态，通过交叉学科之间理论和方法的互通，形成了比较完善的理论体系和方法，对区域经济的发展非常重要。第三,由于受到传统系统理论范式的制约,往往通过城市的某些属性来寻找城市间关系的证据,但这实际上并非基于空间关系的分析,难以展示城市间关系的本质。这种研究方法虽然能使研究问题得到简化,却容易因为过于偏重"路径依赖"而陷入历史、环境决定论的困境,不得不承认得到结论的片面性。第四,大部分研究还集中在网络结构的构建和分析上,对网络结构背后隐藏的经济规律和一系列的经济效应解读不多。研究成果侧重于从交通可达性的角度探究交通网络空间格局及其发展演化;主要研究范围集中在发达的地区或是较大城市,如长三角地区、京津冀地区及上海、广州等,而对于西南地区城市的研究相对较少,将西南地区作为整体研究的更少。

(2)关于城镇化与经济增长的研究。城镇化和经济增长都有比较成熟的理论体系和研究方法,关于城镇化与经济增长的研究文献较多,对于城镇化促进经济增长的作用机制、城镇化的减贫效应及城镇化对经济增长可能产生的负面影响等都分析得比较全面。

(3)关于县域经济的研究。关于县域经济的研究出现频次较高的关键词主要是县域经济、增长理论、城镇化、产业结构、金融支持等,并且以它们为核心,形成了五层等级关系的"核心—外围"结构,并且通过度值和中介中心性发现,这些关键词在县域经济研究中具有重要作用,搭建了整个研究的网络框架。县域经济研究的主要力量分布在各高校的经济学院,机构之间合作较少。县域经济研究的演进过程可以分为研究理论的逐步深入和县域经济发展实践探索的不断创新。从研究内容来看,主要是基于区域经济理论对具体区域的实证和经验研究。国内关于县域经济研究的理论和实践成果非常丰富,所用的方法全面,涵盖了理论推导和实证检验,研究对象多元,包括全国、区域、各省及县级行政单位,对中国的县域经济发展有比较清晰的认识和解读。随着县域经济的发展和数据可得性的提高,县域经济研究呈现出几个明显特征:研究方法由定性分析向定性和定量结合分析转变;研究样本由全国的整体性分析为主到各省或县的分析为主,由东部地区研究向中西部地区研究转变。同时,研究中也还存在一些问题,实证研究的数量相对于省和市来说是较少的,并且在实证分析中,理论模型的支撑相对薄弱。总体而言,现有研究对县域经济的实证分析关注较少。由于数据的可得性较差,更多的研究关注省级尺度、地级市尺度的经济问题,对我国的整体经济格局进行了比较全面的分析和探索,但对县域经济的研究相对较少,忽略了地区之间发展的异质性。

(4)关于空间效应的研究。空间效应的研究主要关注空间依赖性和空间异质性。其中，有关空间依赖性研究的文献较多，有关空间异质性研究的文献相对较少，并且空间异质性在面板数据的处理方面还很有局限性。在空间权重的构建上，倾向于向真实的空间相互作用接近，要素"流"成为可得和较适用的对象。同时，通过空间相互作用机理分析内生权重的演化对结果的影响也是较多学者关注的问题。

综上，在当今国内发展和区域协调发展的背景下，县域经济增长特别是西南地区和贫困地区县域经济研究仍任重道远。现有研究更多关注了交通网络、城镇化、经济增长两两之间的关系，而交通网络和城镇化对于县域经济的发展都是非常重要的。无论在城镇化研究还是县域经济研究中，把西南地区作为整体进行研究的很少。当然，本书由于数据搜集上存在的局限性，会使结果的分析并不能完全反映现实研究情况。

3 理论框架与模型

　　城镇化的集聚和规模效应在促进人均收入提高和提升就业率等方面发挥了重要作用，交通网络对城镇空间结构及经济增长的作用也得到了较多关注，现有研究更多分析了"城镇化—经济增长""交通网络—城镇化""交通网络—经济增长"两两之间的关系，但在空间关系的视域中，还少有文章系统分析交通网络、城镇化对县域经济增长的作用。因此，本章试图对交通网络、城镇化的经济增长效应的逻辑、思路、理论模型进行分析，在"交通网络—城镇化—经济增长"的概念框架下，分析交通网络、城镇化促进经济增长的作用机制，为后文的实证分析奠定理论基础。

3.1　理论框架

3.1.1　交通网络、城镇化与县域经济增长的"三角"关系

　　城镇自身的比较优势和属性、城镇化程度会影响经济发展速度和质量。但在区域空间中城镇并不是单独存在的，城镇的固有属性虽然重要，但城镇与其他城镇的联系才是经济发展的决定因素。交通网络作为"要素流"或"要素通道"，是城镇之间联系和相互作用的结果，反过来支配和控制城镇的发展，进而影响经济效应，形成了"交通网络—城镇化—经济增长"的三角关系。我们通过图3－1可以比较直观地看到它们之间的相互影响关系。经济增长是目标，交通网络和城镇化是重要途径，通过市场和政府的作用完成。本书主要分析图3－1中实线部分，即交通网络、城镇化对经济增长的直接作用和交通网络通过城镇空间结构变化对经济增长的间接作用。

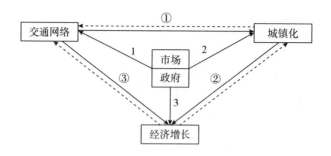

图3-1 交通网络、城镇化与经济增长的"三角"关系

第一，交通网络与经济发展关系密切。交通是经济发展的先行条件，而经济发展也会带动交通建设的需求。经济发展越好的地区，对交通基础设施的质量和交通网络的密度会有越高的要求，同时由于交通基础设施的建设成本较大，技术要求高，经济发展滞后的地区由于经济实力限制，不可能有足够的资金投入到交通建设上，交通网络密度会相对更低。交通基础设施的建设主要在三个方面促进经济的增长：其一，交通基础设施作为固定投资的重要部分，对经济增长产生直接作用。其二，交通网络缩短了城镇之间的相对距离，降低了货物运输成本和人口迁移成本，因此产品的价格会降低，人口在城镇之间的流动更频繁，同时也扩大了产品市场和经济活动空间。其三，交通网络促进要素的"流"动，实现资源共享，交通网络是物质要素实现流动的前提，交通网络的逐步完善和升级使更大范围的要素流动成为可能，地理区位对经济生产活动的约束减弱。区域资源禀赋的互补性在交通网络体系下显现，增强了专业化或者"抱团"发展的可能性。

第二，城镇化是经济增长的动力之一。城镇化对经济增长的作用包括改善收入、改变生活环境和生活习惯，带动人的全面发展，城镇化不仅能提高居民的收入水平，在促进就业、提升公共服务水平等方面也有正向影响。伴随着我国城镇化水平的提升，人均收入水平有了大幅提升，实现了更多人的就业，更多人走出农村与现代化接轨（李永友和沈坤荣，2007）。[1] 城镇化对周边农村地区有实质性和系统性的经济增长效果，在很大程度上可归因于城镇化对农村经济的积极外溢，而不是农村贫困人口向城市地区流动。[2] 当前，我国长三角地区、京津冀地

① 李永友，沈坤荣. 财政支出结构、相对贫困与经济增长 [J]. 管理世界，2007（11）：14-26，171.
② Massimiliano Cali`，Carlo Menon. Does Urbanization Affect Rural Poverty? Evidence from Indian Districts [J]. World Bank Economic Review，2013，27（2）：171-201.

区及其他一些发展起来的城市群已经步入城镇化水平比较高的阶段，而西南地区的大部分县域，特别是连片特困地区县域城镇化水平还非常低，即使在2020年全面脱贫以后，发展差距仍是客观存在的，这些县域收入水平低，物质生活条件相对也很差，而城镇化是这些地区县域经济发展的有效途径。

第三，交通网络的发展会改变城镇之间的关系。随着基础设施的建设、现代交通方式的改变，区域之间的相对距离缩短，使城镇之间的关系不仅仅局限于相邻地区之间，而是通过交通网络与更远的地区之间实现要素流动和产品交换。交通网络的发展实际上改变了空间结构，产生了网络效应。

3.1.2 作用机理

交通网络、城镇化与经济增长之间的相互作用关系及作用机制对西南地区县域城镇化发展和县域经济增长具有重要意义。交通和城镇是县域经济发展的主要支撑体系。交通和城镇的发展受到自然地理的约束，也是经济社会发展规律的体现，随着社会的不断发展，对交通基础设施建设和城镇化的需求会越来越强，交通网络和城镇化的耦合协调会发挥良好的经济效应。交通网络是区域间相互作用的主要渠道，交通网络作为空间行为影响城镇的属性、分布及空间结构，形成区域经济的不同景观，而本书主要关心这些空间景观背后的动力机制（见图3-2）。交通网络直接作用于城镇，改变城镇在交通网络的位置，从而改变城镇人口数量、经济规模、产业结构、公共服务等，带动县域经济增长；同时，交通网络改变城镇的相对位置，通过劳动力就业、产业发展、资本投资、市场定位等改变经济发展模式。

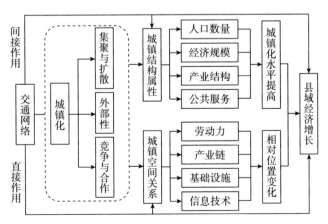

图3-2 交通网络、城镇化对县域经济增长的作用机理

以交通网络为核心的生产要素的流动和以城镇化为前提的经济活动的集聚发展对经济增长的运作机制主要有以下三种：

第一，内生发展的集聚与扩散机制。城镇化是一个涉及多方面内容的社会经济逐渐演进的过程，城镇化不仅意味着城市人口的增加、城镇数量的增多、建成区面积的扩大，还包括经济规模、产业结构、公共服务等一系列的变化。城镇化以生产要素集聚为特点的快速推进，带动了我国整体经济发展水平和城乡居民生活水平的持续提高，有力地支撑了中国经济增长的奇迹。交通网络作为要素流动的通道，是集聚与扩散的重要条件，交通网络增强了城镇之间的连通性，强化了区域之间的联系，改善了区域交通网络，进而加速了资源流动，加快了区域之间的互动，在一定程度上促进了要素的集聚和扩散。另外，交通网络引导资源配置，交通网络的形成大大降低了交易费用，使劳动力、资本、知识、信息等要素以更快的速度在区域之间流动，并且这种流动不遵循中心地理论的从高等级向低等级中心扩散的原则，而是一种基于交通网络的双向作用。

第二，要素流动导致的空间外部性机制。生产要素流动的前提是城镇之间发展存在差距，要素为了获得更多的产出和效用在市场机制下的流动对县域的公共基础设施提出要求，随之人口结构、土地利用结构、社会组织结构等产生相应的变化，形成开放的环境，进而形成网络效用。区域的空间形态已不是单一的"核心—外围"结构，而是由局部区域相互作用形成的全局结构，基础设施网、信息网、要素网将一个个城市联系在一起，实现了空间结构从等级到网络的转变。空间外部性也不仅仅存在于邻近区域之间，而是通过交通和更远的地区产生联系，促使多元化产品在城市区域之间流动，产生更大的外部性。在要素流动过程中，交通网络关系代替邻近关系和距离关系，小县城的要素得到充分利用，有条件发挥比较优势。聚集经济的出现和这些外部经济通过交通网络的传播是 21 世纪区域发展的标志。①

第三，城镇异质性形成的竞争合作机制。城镇的非匀质性导致不同企业区位选择的空间分布差异，形成区域间竞争与合作关系，交通网络影响城镇本身的属性和关系，每个城镇都有一个由自己和周围地区相互作用形成的网络，城镇自身的属性和在交通网络中的位置决定了其经济发展的绩效。也就是说，城镇的发展

---

① Johansson, Börje. Quigley, John M. Agglomeration and Networks in Spatial Economies [J]. Papers in Regional Science, 2004, 83 (1): 165 – 176.

不仅仅取决于其自身拥有什么，还取决于它的"邻居""远亲"及和它们的关系强度。从我国空间发展情况来看，长三角城市群借助互联互通高密度的交通网和现代化的信息网，将各个城市紧密相连，形成了一个比较完整的网络结构。我国西南地区县域经济社会发展面临资源环境承载力低下、基础设施建设滞后、经济基础薄弱、产业发展缓慢、居民自我谋生能力较差、关键生产要素外流、内生动力不足等问题，最终反映为生产和生活方式的问题。要解决这些问题，单纯依赖转移支付的补贴政策和孤立的扶贫项目分散推进政策难以奏效。由于不同地区自然禀赋、区位条件、经济基础、人力资源、文化习俗等地域分异明显，各地区吸引、接受、消化、吸收各种生产要素的能力亦有所不同，因此，在交通网络发展的前提下，特殊性和多样性才是西南地区县域经济发展的关键。

3.1.3　市场与政府作用

我国的城镇化、交通基础设施建设既是人口和要素往城市迁移的市场行为，也是政府推动的结果。

一方面，市场作用是县域经济发展的决定性因素。市场的供给—需求关系会引导要素的流动方向和要素聚集的区域，在市场机制下，生产要素在区域间自由流动，价格机制和竞争机制会使区际要素价格趋同，目的就是追逐利益最大化，是一个自组织的过程。市场路径下的"交通网络—城镇化—经济增长"的实现是动态的、主动的，也是相互的。它既是一个动态的过程，在不同的经济发展阶段，交通网络、城镇化的经济增长效应是不同的，也是一个主动的过程，市场机制以价格为基础，企业及个人在经济活动中，总会寻求最优的产品。城镇化是有意识的主体参与经济活动的场所，当经济活动在本地不能获得满足时，邻近的优势就体现了，开始建立交通网络初步关系，这个过程是主动进行的。另外，其也是多向互动影响的，地区之间只有相互作用才能产生日益增长的回报，即"外部经济"集聚。

市场的力量并不是促进区域的均匀分布，相反，地理地貌因素、人类生产活动空间和交通基础设施建设的客观性共同决定了交通网络在空间上的非均衡性。交通基础设施改变着时空相对关系，但是这种改变依然存在显著的地理距离衰减特征。城镇和交通的"点—轴"模式、"核心—边缘"模式是自然地理和人类活动的选择结果。区域差异会存在于自然禀赋、地理位置、区域发展潜力等各方面，区域之间的联系和摩擦也无处不在。

另一方面，政府是市场的补充，指导和监管市场的运行。政府通过制定规划和发展战略为县域经济发展提供指导和目标，营造制度和政策环境。资源配置的最佳方式是充分发挥市场的作用，在这个条件下，区域经济网络是内生形成的，并且能在自己的选择中达到有效，但在现实中，为什么还需要政府的介入？政府的介入会带来什么作用？安虎森（2007）认为，在无法改变历史上已经形成的产业分布格局的情况下，市场机制只能加大区际收入差距，特别是欠发达地区，市场机制不健全、信息不充分，根本无法实现帕累托最优。因此，政府必须建立和完善市场机制，保护合理竞争，尽可能消除市场的扭曲。政府职能是市场的必要补充，是市场更好运行的保障。

政府在交通网络的生成和布局中发挥重要作用。我国的交通基础设施基本上由政府规划、修建、维修及管制，政府掌控着交通网络的发展和演化。政府的决策、区域定位、制度规范会对市场经济形成干预。在网络分析范式下，区域之间的内生选择是区域协调发展的关键，但是政府也扮演着重要的角色，特别是在中国区域发展差距较大的时候。政府并不是无所不能的，但在我国西南地区县域的城镇化和脱贫过程中，政府发挥着非常重要的作用，西南地区县域即使有主观意愿融入交通网络发展中，也面临不少的困难。在区域差距加大的情况下，西南地区县域内部的相互合作更加重要，要在政策指导下实现区域性脱贫和快速发展，发挥区域比较优势，打破行政壁垒。随着城镇化进程的加快，城乡二元矛盾逐渐缓和，在效率提升的同时，公平性也得到了保障。自然资源、劳动力、资本等生产要素固然重要，但是政府的发展战略和为区域营造的发展环境、地区功能定位和制度保障对于欠发达地区来说显得更为关键。西南地区县域虽然经济滞后，但是在社会主义先富带后富的制度保障下还是存在后发优势的。

3.2 基本模型和扩展模型

3.2.1 基本模型：城镇化与经济增长

从现有文献和经验中，本书能得到城镇化有利于区域发展的结论，城镇化水平高的地区，人们较富有，人均收入较高，贫困发生率低；城镇化水平低的地区，相应的人均收入较低，贫困发生率高（刘彦随和杨忍，2012）。[①] 那么，城镇化经济增长效应是怎样实现的呢？崔万田和何春（2018）建立数理模型，从城乡二元结构分析了城镇化对贫困人口收入水平的影响，认为城镇化与经济增长率呈倒"U"型关系，城镇化对经济增长的作用先增大后减小，存在一个最优水平。[②] 也就是说，城镇化的过程存在促进经济增长和减缓贫困的作用，在最优水平之前，城镇化的贡献一直在增加，达到最优水平后，经济增长率随着城镇化发展水平的提高逐步降低。

3.2.1.1 假设条件

地区 A 的生产由城市和农村的劳动力共同完成，城市和农村可以实现生产要素的流动，因此，设 A 地区劳动力由两部分组成，一部分是城镇劳动力 L_a，另一部分劳动力来自农村，为 $1 - L_a$。假设就业和城镇化成正比，就业程度能反映城镇化水平。假设人们对于风险厌恶程度相同，在常数相对风险规避（Constant Relative Risk Aversion，CRRA）效用函数条件下，效用最大化满足拉姆塞模型约束，因此能得到消费增长率。假设消费增长率即为经济增长率，根据崔万田和何春（2018）的结论，城镇化对经济增长和贫困减缓存在一个最优水平。

3.2.1.2 模型及推导

采用柯布—道格拉斯生产函数，根据假设条件，得到 a 城镇的生产函数为：

$$Y_a = AK^\alpha L_a^\beta (1 - L_a)^\theta \qquad (3-1)$$

其中，A 是地区技术水平，K 为资本存量，$\alpha > 0$，$\beta > 0$，$\theta > 0$，消费者终身效用是消费的函数，并且消费效用为常数相对风险规避型，因此得到：

$$U_c = \int_0^\infty u(c) e^{-\rho t} dt \qquad (3-2)$$

其中，$u(c) = \dfrac{c^{1-\sigma}}{1-\sigma}$，且有 $u_c' > 0$，$u_c'' < 0$，$0 < \sigma < 1$，ρ 为时间偏好，c 为消费。拉姆塞 τ 为税率，则有：

$$\dot{k} = (1 - \tau) y - c \qquad (3-3)$$

将生产函数代入式（3-3），有：

---

① 刘彦随，杨忍. 中国县域城镇化的空间特征与形成机理 [J]. 地理学报，2012，67（8）：1011 - 1020.

② 崔万田，何春. 城镇化的农村减贫效应：理论机制与实证检验 [J]. 经济科学，2018（4）：89 - 102.

$$k = (1 - \tau)Ak^{\alpha}L_a^{\beta}(1 - L_a)^{\theta} - c \tag{3-4}$$

效用在约束下的最大化过程，得到消费增长率 ψ：

$$\psi = lnc = \frac{\alpha(1 - \tau)AK^{\alpha}L_a^{\beta}(1 - L_a)^{\theta} - \rho}{\sigma} \tag{3-5}$$

3.2.1.3 城镇化对经济增长的影响分析

经济的增长率由消费增长率代替，因此，通过消费增长率对城镇化求导，能得到城镇化对经济的影响：

$$\frac{d\psi}{dL_a} = \frac{\alpha(1 - \tau)AK^{\alpha-1}L_a^{\beta}(1 - L_a)^{\theta}}{\sigma}\left[\frac{\beta}{L_a} - \frac{\theta}{1 - L_a}\right] \tag{3-6}$$

令 $Q = \dfrac{\alpha(1 - \tau)AK^{\alpha-1}L_a^{\beta}(1 - L_a)^{\theta}}{\sigma}$，则简化为：

$$\frac{d\psi}{dL_a} = Q\left[\frac{\beta}{L_a} - \frac{\theta}{1 - L_a}\right] \tag{3-7}$$

由于 $Q > 0$，$\dfrac{d\psi}{dL_a}$ 连续可微，所以存在一个值 L_a^*，即最优城镇化水平，使 $\dfrac{d\psi}{dL_a} = 0$，因此，本章令 $\dfrac{d\psi}{dL_a} = 0$，得到：

$$L_a^* = \frac{\beta}{\beta + \theta} \tag{3-8}$$

当 $L_a^* < \dfrac{\beta}{\beta + \theta}$ 时，经济增长率随着城镇化水平的提高而增加，当 $L_a^* = \dfrac{\beta}{\beta + \theta}$ 时，达到最优水平，当 $L_a^* < \dfrac{\beta}{\beta + \theta}$ 时，经济增长率随着城镇化水平的提高而减小。

3.2.2 扩展模型：交通网络、城镇化与经济增长的关系

城镇化的经济增长作用在得到大多数人认可的同时，也有人提出了质疑，认为城镇化水平的提升不一定能促进经济增长，反而可能会使农村地区进一步边缘化（龙花楼等，2016）。[①] 从农村转移的都是青年或发展较好的农户，对农村的发展是不利的（阮荣平等，2014）。[②] 针对这样的质疑，有学者做出了回应，

---

① 龙花楼，屠爽爽，戈大专. 新型城镇化对扶贫开发的影响与应对研究 [J]. 中国科学院院刊，2016，31（3）：309 - 319.

② 阮荣平，郑风田，刘力. 信仰的力量：宗教有利于创业吗？[J]. 经济研究，2014，49（3）：171 - 184.

Meyer（1980）分析了美国的边缘地区怎样在城市化过程中融入城市体系，[①] 苗长虹等（2006）认为交通联系能定量地确定区域城镇体系中城市的经济地位。[②] 他们认为，区域之间的联系、区域之间的相互作用是解决这一问题的关键，是城市体系演化的主要动力。因此，现在还需要分析的问题是，城镇化的经济增长效应不能只考虑城镇自身优势，在开放的环境中如何与其他地区联系发展才是关键。那么，接下来本章探索交通网络中的城镇化对于经济增长的作用是不是会有一些不同？

3.2.2.1 模型

首先，本章假设有两个城镇 a 和 b，它们的城镇化率分别为 U_a 和 U_b，且不管相邻与否，只要它们之间通过交通网络存在空间上的关系，则会有资源和要素的流动。为了推导方便，假设其他资源和要素固定，仅有劳动力流动的情况，当然，其他资源在交通网络中流动的情况可以得到类似的结论。因此，本章认为城镇之间由于存在空间关联，会产生相互影响，把这个影响定义为交通网络系数 γ，其可正可负，也可以为零，当其为正时，区域之间关系是有利于发展的合作关系，为负则代表区域之间的关系并不是互惠的，而是一种竞争关系，为零则代表区域之间并没有处于一个网络之中，或者都处于网络末端，并不直接产生关系。在城镇 a 和 b 存在 i（i≥0）个行业，产出为 y_i，这些行业的工人由两部分组成，也就是说，a 地区的生产可以由 a 地区和 b 地区两部分的人共同完成，b 地区那部分劳动力受到交通网络系数的影响，并且这些行业的总数由城镇化率来决定，城镇化率高的地区，行业的种类多，城镇化率低的地区，行业种类少。因此，可以得到：

$$L_a = \int_0^{UB_a} y_i di + \gamma \int_0^{UB_b} y_i di \qquad (3-9)$$

在假设所有行业为同质的基础上，式（3-9）可以简化为：

$$L_a = (U_a + \gamma U_b) y \qquad (3-10)$$

其次，区域之间由于交通网络的作用，会得到一定的效用作为报酬，假定在城镇之间的连接是基于交通基础设施的连接，那么它们获得的效用是距离的递减

① Meyer D. R. A Dynamic Model of the Integration of Frontier Urban Places into the United States System of Cities [J]. Economic Geography, 1980 (56): 39 - 120.

② 苗长虹，王海江. 河南省城市的经济联系方向与强度——兼论中原城市群的形成与对外联系 [J]. 地理研究, 2006 (2): 222 - 232.

函数，并且两个区域为了保持这样的联系，或者说是为了修建联系的交通基础设施，会产生相应的成本，为了避免重复计算，城镇只需要支付直接相连产生的成本。本章认为城镇的决策者作为理性主体在参与经济活动，因此，交通网络的形成是理性决策的结果，如果两个城镇由于连接能产生正的效用值，则会选择建立网络关系，如果不能产生正的效用，则选择保持不联系状态。那么，a 地区由于与 b 地区产生联系获得的效用为：

$$x_a = \gamma_{ab} d_{ab}^{\phi} y - f(d_{ab}) \tag{3-11}$$

其中，$x_a \geq 0$，d_{ab} 为距离衰减函数，ϕ 是 a、b 之间的摩擦系数，可以是地形地貌、行政划分等各种原因在 a、b 距离基础上的影响，$f(d_{ab})$ 是基于距离的成本函数，包含了因为距离原因引起的各种成本，如运输费用、文化差异、交通工具等。由图 3 - 3 可以看到，随着距离增加，效用呈现递减的趋势，并且摩擦系数越大，区域之间由于连接获得的效用越小；而随着网络系数的增加，效用呈现递增趋势。

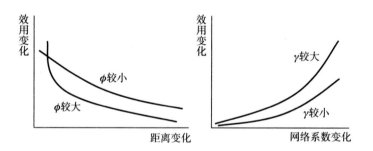

图 3 - 3　交通网络效应随距离和网络系数变化趋势

本章令城镇 a 和 b 之间的相互作用是对称的，那么，效用函数简化为：

$$x = \gamma d^{\phi} y - f(d) \tag{3-12}$$

取 $x = 0$ 的临界值，得到 $y = \dfrac{f(d)}{\gamma d^{\phi}} = \dfrac{f(d^*)}{\gamma}$。在前文基本模型的基础上，根据柯布—道格拉斯生产函数，得到 a 城镇的生产函数为：

$$Y_a = AK^{\alpha} L_a^{\beta} (1 - L_a)^{\theta}, \text{ 其中 } \alpha > 0, \beta > 0, \delta > 0 \tag{3-13}$$

代入式（3 - 12）可以得到生产函数为：

$$Y_a = AK^{\alpha} \left[(U_a + \gamma U_b) \frac{f(d^*)}{\gamma} \right]^{\beta} [1 - U_a]^{\theta} \tag{3-14}$$

生产函数分别对 U_a，U_b，γ 求导，得到：

$$\frac{dY_a}{dU_a} = AK_a\left[\left(U_a + \gamma U_b\right)\frac{f(d^*)}{\gamma}\right]^\beta \left[1 - U_a\right]^\theta\left[\frac{\beta}{\left(U_a + \gamma U_b\right)} - \frac{\theta}{1 - U_a}\right] \qquad (3-15)$$

$$\frac{dY_a}{dU_b} = AK_a\beta\left[\left(U_a + \gamma U_b\right)\frac{f(d^*)}{\gamma}\right]^{\beta-1}\left[1 - U_a\right]^\theta f(d^*) \qquad (3-16)$$

$$\frac{dY_a}{d\gamma} = AK_a\beta\left[\left(U_a + \gamma U_b\right)\frac{f(d^*)}{\gamma}\right]^{\beta-1}\left[1 - U_a\right]^\theta\left[-\frac{f(d^*)}{\gamma^2}U_a\right] \qquad (3-17)$$

3.2.2.2 网络系数、城镇化对经济增长的影响

由式（3-15）可知，a 地区的城镇化与经济增长依然呈倒"U"型关系，最优点的城镇化率 $U_a = \dfrac{\beta - \gamma\theta U_b}{\theta + \beta}$，城镇化水平与交通网络及周围地区的城镇化水平相关。由式（3-16）可知，b 地区的城镇化对 a 地区的经济影响主要取决于地理函数 f（d^*）；交通网络对 a、b 地区的联系固然重要，但是交通网络也是基于地理条件上的基础设施而得到的，因此受到距离函数的限制。通过地理函数的设置我们知道，地理函数可正可负。由式（3-17）得到网络系数对 a 地区经济的影响系数主要取决于 $-\dfrac{f(d^*)}{\gamma^2}U_a$，呈随网络系数变化递增的指数关系。

3.3 本章小结

（1）在空间关系的视角下，本章根据交通网络、城镇化及县域经济增长的关系，构建了"交通网络—城镇化—经济增长"的分析框架。经济增长是目标，交通网络和城镇化是重要途径，在市场和政府共同作用下完成。

（2）以交通网络为核心的生产要素流动和经济集聚形成的城镇化发展对经济增长的运作机制主要有三种：第一，内生发展的集聚与扩散机制。主要通过间接的作用使城镇在空间中形成集聚和规模经济，能为贫困人口提供就业渠道，提供更好的生活生产环境，再通过工资等劳动报酬和社会保障等方式提高贫困人口的收入水平。第二，要素流动导致的空间外部性机制。生产要素流动的前提是城镇之间发展存在差距，要素为了获得更多的产出和效用在市场机制下的流动对部分西南地区县域的公共基础设施提出要求，随之人口结构、土地利用结构、社会

组织结构等产生相应的变化，形成开放的环境，进而形成网络效用。第三，城镇异质性形成的竞争合作机制。城镇的非匀质性导致不同企业区位选择的空间分布差异，形成区域间竞争与合作关系，交通网络影响城镇本身的属性和关系。

（3）本章以崔万田等提出的城镇化经济增长模型为基础模型，拓展了加入网络变量的城镇化经济增长模型，最后得出结论：a 地区的城镇化与经济依然呈倒"U"型关系；b 地区的城镇化对 a 地区的经济影响主要取决于地理函数 f（d*）；网络系数对 a 地区经济的影响是递增的指数关系。

4 西南地区交通网络、城镇化与县域经济：发展现状及空间耦合特征

4.1 现状分析

4.1.1 交通网络发展现状与可达性

4.1.1.1 西南地区交通网络发展现状

中华人民共和国成立后，西南地区的交通基础设施质量和规模都得到了很大的提升，到2016年，已经初步形成了主要以铁路、公路为主的交通网络体系。2007~2016年，西南地区陆路交通网络密度和网络的覆盖面都有很大变化，呈现出明显的网络结构。但是西南地区的地形复杂，地质多样，对于交通的发展和建设非常不利，道路密度和质量与东部地区相比还处于低水平状态。

中华人民共和国成立后西南地区的铁路发展得较早，先后建成了成昆、成渝、川黔、贵昆等区间铁路及向区外发展的铁路，形成了重庆、成都、贵州、云南为中心连接的铁路干线，通车里程达到13647公里，占全国营业里程的11%。但铁路建成后通车里程的变化不大，相对于全国来说，铁路尤其是高铁的质量和规模发展得都很慢，运输水平和服务水平都有待提升。从铁路网的布局可以看到，西南地区的铁路网密度是很低的，在区域内分布也不均衡，从东到西递减，川西地区、滇西北地区、滇西南地区、渝东南地区还处于铁路辐射空白区。

西南地区公路覆盖了所有的县域，但是交通网络呈现以省会城市为核心向边缘递减的布局。国道和省道的发展和布局相对均衡，最大限度地使所有地区处于交通网络的辐射范围内。西南地区高速公路呈现出最明显的"核心—边缘"分布，以各省的省会为中心向外扩散，2016年西南地区的高速通车里程达到18908公里。从西南地区

整体来看，县道密度相对较高，特别是 2012 年以来，县道建设得到了长足的发展。

综上可知，西南地区交通网络布局不均衡，高速公路、县道、铁路均呈现出从东到西逐渐递减的趋势，欠发达地区道路密度低，并且主要依靠较低等级的公路运输，人口和货物的流动都受到限制。并且，西南地区处于中国内陆，出川的道路相对较少，虽然在"一带一路"倡议下，边境交通方式得到了一定改善，但是相对东部地区和全国道路密度和质量来说还存在较大的差距。

从 2007 年和 2016 年交通网络对比分析可知（见表 4 - 1），西南地区高速公路和县道得到了最明显的提升。公路运营里程和高速公路运营里程占全国的比重分别提升了 6.2% 和 2.5%，铁路运营里程占比没有变化。但是从绝对值变化上看，西南地区的四省市公路和铁路翻倍增长。2016 年重庆市公路运营里程 14292 公里，是 2007 年的 2.8 倍；四川省公路运营里程 324138 公里，也是 2007 年的 2.8 倍；贵州省公路运营里程 191626 公里，是 2007 年的 3.4 倍，增长最快；云南省公路运营里程 238052 公里，是 2007 年的 2.3 倍。2016 年铁路运营里程在 2007 年的基础上平均增加了 50%。

表 4 - 1　2007 年、2016 年西南地区交通网络概况

地区	公路运营里程		高速公路运营里程		铁路运营里程		延展里程
	2007 年	2016 年	2007 年	2016 年	2007 年	2016 年	2016 年
全国总计（公里）	2535383	4696263	53913	130973	77966	123992	193444
西南地区（公里）	325920	896737	6418	18908	8610	13647	19598
占比（%）	12.9	19.1	11.9	14.4	11	11	10.1

资料来源：笔者根据 2007 年和 2016 年《中国交通年鉴》整理。

4.1.1.2　基于交通路网的可达性分析

1959 年，Hansen 提出可达性概念，将其定义为交通网络中各节点相互作用的机会大小，是度量一个地方到另一个地方的难易程度的指标。[1] 而人的移动能力和到达目的的机会和难易程度排除人们自身因素外，直接与采用的交通方式、道路通行力、交通基础设施的质量、交通网络的完善程度相关（罗鹏飞等，2004）。[2] 可达性与区域经济发展之间互为因果，对研究社会经济问题有重要的

---

[1]　Hansen W. G. How Accessibility Shapes Land Use［J］. Journal of the American Planning Association, 1959, 25（2）：37 - 41.

[2]　罗鹏飞，徐逸伦，张楠楠. 高速铁路对区域可达性的影响研究——以沪宁地区为例［J］. 经济地理，2004（3）：407 - 411.

价值，地理信息系统有计算可达性的有效方法，从时间和空间上，通过节点城市及交通基础设施之间的关系，主要的方法包括陈声洪上海交通所法、距离度量法、加权平均出行时间、日常可达性、平均旅行时间和经济潜力等（张莉，2013）。[①] 本章主要采用平均旅行时间计算西南地区县域间的可达性。

平均旅行时间是指区域内网络中某一节点到其他所有节点最快运行时间的总和，在实际交通基础设施基础上，从时间角度衡量区域可达性水平，既考虑了空间因素，又考虑了时间成本，能直观地表现可达性水平及其变化。[②] 这里使用时间距离矩阵可以较充分地说明节点间的相互作用的变化，并且加强了时间距离减少对区域内各节点的纯区位影响，使我们能更好把握区域内各节点的可达性变化。[③] 定义公式如下：

$$A_{ij} = \frac{\sum_{j=1}^{n} T_{ij}}{n} \qquad (4-1)$$

其中，n 是节点个数，T_{ij} 是从 i 点到 j 点的最少运行时间。平均旅行时间值越小，表示通达性越好。

以西南地区四省市的县域为基本单位，将 2007 年的 436 个县级行政区（区县）作为基准，不考虑时间变化后行政区划的局部、微小调整。根据 2007 年、2010 年、2012 年、2016 年的《中国交通地图册》四个时间断面数据，主要选择陆路交通作为分析对象，重点提取了区域高速公路、国道、省道和县道四个等级公路和铁路。其中道路速度的设置值参照《公路工程技术标准》（JTGB01 - 2003）的规定：铁路 120km/h、高速 100km/h、国道 80km/h、省道 60km/h、县道 40km/h。通过 ArcGIS10.3 计算县域尺度考虑道路长度和速度的平均旅行时间，作为网络连线值，得到西南地区 436 个城市间平均旅行时间矩阵（436 × 436），矩阵中的值代表每个县到达另外县的旅行时间。利用式（4-1）计算得到西南地区县域之间的交通可达性（见表 4-2，平均旅行时间越短，可达性越高），2007~2016 年西南地区平均旅行时间的最小值、平均值、最大值都有不同程度的变小，其交通可达性都有不同程度的提高。

① 张莉. 可达性与区域空间结构 [M]. 北京：科学出版社，2013.

②③ 徐旳，陆玉麒. 高等级公路网建设对区域可达性的影响——以江苏省为例 [J]. 经济地理，2004（6）：830 - 833.

表4-2　西南地区交通可达性

平均旅行时间	平均值	最小值	最大值
2007 年	13. 45751	9. 949434	27. 4472
2010 年	12. 74195	9. 345962	26. 98321
2012 年	12. 28407	9. 016574	26. 52502
2016 年	12. 27126	8. 993721	26. 47879

资料来源：笔者基于平均旅行时间计算得到。

4.1.1.3　西南地区可达性演化

2007～2016 年，交通可达性发生了比较明显的变化，平均旅行时间最低值从 9.9 小时减小到 8.9 小时，最大平均旅行时间从 27 小时减小到 26 小时，各省内之间的平均旅行时间更短，省内县域之间平均旅行时间 3～8 小时，几乎每个县域的交通可达性都有一定程度的提升。从交通可达性的空间分布来看，最高的区域是成渝双中心及周边城市群、贵州省和云南省省会城市，表现出核心—外围的等级结构。交通可达性从中心向外围递减，形成以成都、重庆、昆明、贵阳为核心的不规则圆形空间格局，2007 年的核心区域以成都、重庆等城市群形成的菱形区域向外围扩散，第二等级包含了成都平原、重庆、云南、贵州的大部分中大城市，第三等级及之外区域的交通可达性则比较低；2016 年的第一等级核心区域发生了明显的变化，由于贵州、云南地区的交通可达性提升较快，形成了以成渝、贵阳、昆明为主要核心的三角形分布，第二等级范围有所扩大，变化比较明显的是区域东部地区的重庆范围，第三等级及外区域的交通可达性得到了很大的提高。

交通可达性受到自然环境约束，而现代交通基础设施的建设很大程度上克服了自然地理的阻力，但是从西南地区的交通网络图看，交通可达性最低的地区是四川省的西北高原地区，阿坝州、甘孜州、滇西北的迪庆州、怒江州交通可达性最低。如四川省色达县、德格县、白玉县、石渠县、阿坝县、甘孜县等，云南省耿马县、瑞丽市、福贡县、沧源县、盈江县、西盟县、勐腊县、孟连县、陇川县、镇康县、贡山县等，平均旅行时间 20 小时左右，交通基础设施建设及城镇的分布依然与自然环境紧密相关。提升最明显的前九个城市分别是白玉县、石渠县、德格县、稻城县、巴塘县、新龙县、贡山县、得荣县、色达县。边缘县城的交通可达性提高的绝对值较大。

4.1.2 西南地区城镇化发展特征

4.1.2.1 西南地区城镇化发展历程

改革开放以来，西南地区的城镇化发展取得了长足的进步（见图 4 - 1）。在最近的 10 年间（2007 ~ 2016 年）西南地区城镇化水平年均增长 1.43%，城镇化率从 2007 年的 35.93% 提高到 2016 年的 50.25%，呈现出不断上升的趋势。其中，重庆市的城镇化率最高，高于全国平均水平 4 个百分点，从 2007 年的 48.3% 提升到 2016 年的 62.6%。而西南地区其他三个省城镇化率均低于全国水平，四川省的城镇化率年均增长 1.36%，从 2007 年的 35.6% 提升到 2016 年的 49.21%；贵州省的城镇化率年均增长 1.59%，增长率是西南地区中最高的，但是由于城镇化基础差，仍是城镇化水平最低的地区，2007 年和 2016 年分别是 28.24% 和 44.15%；云南省 2007 年的城镇化率为 31.6%，比贵州省的城镇化率高 3.36%，但是云南省城镇化进程相对较慢，经过 10 年的发展，2016 年城镇化率为 45.03%。总的来说，2007 ~ 2016 年西南四省城镇化率呈现逐渐递增的趋势，但是区域间尤其是县域间差距较大，各省市辖区的城镇化率均达到了 100%，城镇化率最低的美姑县仅为 9.75%。

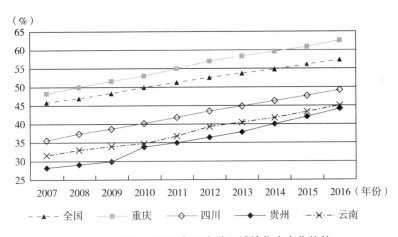

图 4 - 1　2007 ~ 2016 年西南地区城镇化率变化趋势

城镇化率的空间布局，形成了以中心城市为核心逐渐向周围递减和围绕交通干线的城镇化发展态势。西南地区县域城镇化水平与交通干线的分布紧密相关，沿交通干线的县域城镇化水平较高是西南地区的主要空间特征之一。因此，交通网络薄弱的省际交界区和边缘区分布着西南地区城镇化水平最低的县域。

4.1.2.2　西南地区城镇化发展面临的问题

（1）西南地区城镇化发展受地理自然环境限制。西南地区地形复杂，地域范围广，自然地理条件差异大，主要由山地、高原、喀斯特地貌等组成，限制了人口的大量集聚和经济活动的集中。近年来，西南地区城镇化水平的提升主要由城镇化水平较低的地区经济增长引起，城镇化水平相对高的地区，城镇化进程反而较慢。在西南地区，大城市的数量很有限，城市的基础设施和公共服务发展滞后，没有产生较强的带动作用；中小城市的人口聚集能力也非常有限；小城市数量多、规模小、基础设施水平低、集聚和辐射能力弱小，缺乏产业的有效支撑，自我发展和扩张能力不足，也难以吸纳和承载更多的乡村转移人口。

（2）西南地区的经济基础对城镇化的支撑作用弱。尽管改革开放特别是西部大开发以来，西南地区经济快速发展，经济实力显著增强，但与全国和东部地区的差距依然较大，经济基础对城镇化进程的支撑作用相对较弱。西南地区的人均 GDP 在全国的排名分别为四川省第 6 位、重庆市第 20 位、云南省第 22 位、贵州省第 25 位，城镇化水平排名四川省、重庆市、贵州省、云南省分别为第 25 位、第 9 位、第 29 位、第 31 位。重庆市的城镇化水平超前于经济发展水平，其他三省的城镇化水平都滞后于经济发展，特别是四川省，城镇化的平均水平与经济发展水平差距较大。

（3）大部分小城市的发展缺乏现代产业支撑。产业是经济发展的主要动力，也是城镇化发展的支撑条件，合理的产业结构能带动经济较快增长，实现产业—经济—城镇化的良好互动，但是西南地区是农业为主导的地区，地理地形条件很大程度上限制了工业的发展，工业产值水平在全国的排名四川省、重庆市、贵州省、云南省分别为第 11 位、第 20 位、第 23 位、第 24 位。而基础设施、公共服务等决定了现代服务业的发展水平也非常低，第三产业排名分别为第 8 位、第 16 位、第 26 位、第 23 位，有优势的旅游产业没有得到充分的发挥。

（4）制度障碍的制约。西南地区城镇化依然面临户籍制度的限制，外来务工人员在城市落户难度较大，门槛较高。同时，城镇的社会保障体系主要针对城镇职工，外来务工人员不能享受同等的医疗保险、养老保险、失业保险等，并且外来务工者子女的就业也得不到保障。以上这些都是阻碍城镇化进程的因素。

4.1.3 西南地区县域经济发展现状

4.1.3.1 西南地区县域经济快速发展

2007～2016 年西南地区县域经济快速发展。436 个县的人均生产总值由 2007 年的 11565 元上升到 2016 年的 35445 元，10 年时间增加了 2 倍。2007 年县域人均生产总值最高的分别是攀枝花东区、锦江区、青羊区、金牛区、温江区、九龙区、渝中区；人均生产总值最低的县域分别是位于贵州省和云南省的镇雄县、望谟县、黄平县等。2016 年县域人均生产总值最高的分别是青羊区、五华区、官渡区、锦江区、红塔区、龙泉区、渝中区等；人均生产总值最低的分别是镇雄县、威信县、石渠县、德格县、美姑县、彝良县、巧家县、昭觉县等。对比县域人均生产总值的变化可知，省会城市市辖区县域经济增长得较快，四省交界处的县域发展较为缓慢。并且，2007～2016 年西南地区县域产业结构有明显变化，大部分县域的第一产业占比下降，第三产业占比快速上升。

2016 年重庆市生产总值超过 1000 亿元的县有 3 个，生产总值超过 500 亿元的县有 9 个，生产总值超过 200 亿元的县有 16 个，生产总值超过 100 亿元的县有 8 个，仅有 2 个县生产总值在 100 亿元以下；四川省生产总值超过 1000 亿元的县有 1 个，生产总值超过 500 亿元的县有 10 个，生产总值超过 200 亿元的县有 54 个，生产总值超过 100 亿元的县有 46 个，有 70 个县生产总值在 100 亿元以下；贵州省没有生产总值超过 1000 亿元的县，生产总值最高的县为 690 亿元，生产总值超过 500 亿元的县有 5 个，生产总值超过 200 亿元的县有 13 个，生产总值超过 100 亿元的县有 24 个，有 46 个县生产总值在 100 亿元以下；云南省仅有官渡区生产总值超过 1000 亿元，生产总值超过 500 亿元的县有 4 个，生产总值超过 200 亿元的县有 10 个，生产总值超过 100 亿元的县有 24 个，有 90 个县生产总值在 100 亿元以下。

4.1.3.2 西南地区县域经济发展差距大

西南地区县域发展水平、地理区位、产业布局、战略定位都存在很大的差别。2007 年的最小值位于云南边界的镇雄县，最大值位于四川省攀枝花东区；2016 年的最小值仍是云南省的镇雄县，最大值是重庆市渝中区。西南地区的经济增长在空间上是不平衡的，从单个县域来看，最大值与最小值之间的差距从 2007 年的 63688 元增加到 2016 年的 153389 元，呈逐渐扩大的趋势（见图 4 - 2），最大值的变化速度快，最小值的变化速度慢。

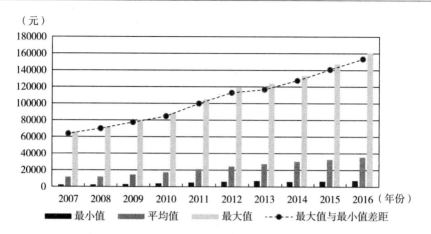

图4-2 西南地区人均生产总值变化趋势与差距

由2016年的县域人均生产总值数据可知，四川省人均生产总值最低的石渠县仅为8338元，而经济收入最高的龙泉驿区人均生产总值达到122276元，是石渠县的14.7倍；重庆市2007年的生产总值为16629亿元，到2016年提高到57902亿元，相对来说，2016年人均生产总值内部差异较小，最低的巫溪县21120元，最高的渝中区160743元，相差13.1倍；贵州省2007年和2016年生产总值分别为7878亿元、33247亿元，其中，2016年人均生产总值最低和最高的分别是德江县16805元、仁怀市100733元，相差16.7倍；云南省2007~2016年人均生产总值从4772亿元增加到14788亿元，2016年云南省人均生产总值最低和最高的县分别是镇雄县7354元、红塔区120129元，相差6.2倍，是人均生产总值差别最小的省。

4.1.3.3 西南地区贫困县所占比重大

西南地区的深度和长期贫穷是自然、历史和经济因素综合作用的结果。中华人民共和国成立以来，政府试图通过各种政策对欠发达地区进行救济式扶贫、开发式扶贫、精准扶贫，取得了明显的成绩，从最初的整体贫困到现在的区域性贫困，农村贫困人口减少7.4亿。西南地区的脱贫政策在国家的大力扶持下也取得了一定的成效，但还有一些地区仍然处于物质极度贫乏状态，不管是"输血式扶贫"还是"造血式扶贫"，都没能使西南地区从根本上脱贫。党的十八大以来，政府"精准扶贫"措施针对家庭或个人进行瞄准，对于减少贫困人口发挥了很大的作用。2010~2016年各省的贫困人口和贫困发生率都显著下降（见表4-3）。

表4-3 2010~2016年西南地区贫困人口和贫困发生率变化情况

	地区	2010年	2011年	2012年	2013年	2014年	2015年	2016年
贫困人口（万人）	全国	16567	12238	9899	8249	7017	5575	4335
	重庆	363	202	162	139	119	88	45
	四川	1409	912	724	602	509	400	306
	贵州	1521	1149	923	745	623	507	402
	云南	1468	1014	804	661	574	471	373
贫困发生率（%）	全国	17.2	12.7	10.2	8.5	7.2	5.7	4.5
	重庆	15.1	8.5	6.8	6	5.3	3.9	2
	四川	20.2	13	10.3	8.6	7.3	5.7	4.4
	贵州	45.1	33.4	26.8	21.3	18	14.7	11.6
	云南	40	27.3	21.7	17.8	15.5	12.7	10.1

资料来源：笔者根据《中国扶贫开发年鉴》（2011~2016）整理。

2016年贫困人口在2010年的基础上下降了73.8%，其中重庆市、四川省、贵州省、云南省分别下降了87.6%、78.2%、73.5%、74.6%。贫困发生率大幅度下降，其中重庆市变化明显，2010~2016年下降了13.1%，由于贵州省和云南省2010年的贫困发生率较高，虽然贫困发生率变化最大，但是在2016年仍是较高水平，分别是11.6%和10.1%。

贫困县的发展动力依旧不足，主要还是集中在省际交界区、边境地区、自然条件艰苦和少数民族地区。根据2011年国家划定的连片特困区，其中包括西南境内县域的有6个片区，这些片区都是贫困县的集聚区，分别是秦巴山区范围内的四川和重庆东北方向的20个县、武陵山片区包括重庆和贵州东南的22个县、乌蒙山片区包括川滇黔交界区的38个县、滇黔桂石漠化区的51个县、滇西边境区的56个县及川滇西北藏区的35个县（在文中提到的连片特困区都只是西南地区境内的范围），连片贫困区情况见表4-4。整体来看，6个连片特困区主要分布在我国自然地理分界线和西南地区主要山脉腹地、水系发源地及大江大河中上游地区，从地质环境和地貌上看大多纵横沟壑，同时，这些地区人地关系紧张，生产生活条件十分恶劣，自然生态环境普遍比较脆弱，开发不足，石漠化、水土流失、泥石流、滑坡、地震、涝灾、旱灾、冻灾等自然灾害频发，因而西南地区贫困村大都处于相对封闭状态。西南地区的经济增长在空间上是不平衡的，2007年、2016年6个片区的人均生产总值远低于西南地区的平均水平（分别是

11565.3 元、35445.5 元）。2007 年秦巴山区、武陵山区、乌蒙山区、滇黔桂石漠化区及滇西边境山区的水平差不多是平均水平的一半，2016 年情况有些好转。

表 4 - 4　西南连片贫困区情况分析

片区	贫困人口（万人）		贫困发生率（%）		人均 GDP（元）		地理特征
	2011 年	2016 年	2011 年	2016 年	2007 年	2016 年	
秦巴山区	815	256	27.6	9.1	6561.4	21021.3	生态保护区、革命老区
武陵山区	793	285	26.3	9.7	5080.5	27451.9	生境脆弱、地质灾害频发、民族地区
乌蒙山区	765	272	38.2	13.5	5710.2	19776	生态保护区、民族地区、革命老区、流行病盛行
滇黔桂石漠化区	816	312	31.5	11.9	4754.2	26121.5	地形复杂、土层瘠薄、灾害频发
滇西边境山区	424	152	31.6	12.2	6199	20655.4	生态保护区、灾害频发、民族地区
四省藏区	206	68	42.8	12.7	8674.9	24978.3	高山峡谷、生态脆弱、民族地区

资料来源：笔者根据 2012 年和 2017 年《中国扶贫开发年鉴》和 2008 年、2017 年西南四省（市）统计年鉴整理。

4.2　基于交通网络的西南地区城镇结构体系

城镇是经济活动的基本单元，城镇体系的空间结构与交通网络有着密切的关系。在区域经济活动中，要素配置的空间优化和合理组合，以及克服空间距离提高经济效益是决策者需要考虑的（李小建，1999）。① 城市之间通过交通网络连接，形成一个复杂系统，随着时间的推移，在空间上表现出明显的结构特征。交通网络并非单纯的区域空间骨架，而是空间经济活动和区域相互作用的结果，与城镇体系的空间结构密切相关，交通可达性变化将影响空间结构。本章以西南地区县域尺度 2007 年、2010 年、2012 年、2016 年为时间断面，通过平均旅行时间

---

① 李小建. 外商直接投资对中国沿海地区经济发展的影响［J］. 地理学报，1999（5）：420 - 430.

衡量各县域间的交通可达性水平，构建了 436 × 436 的交通网络关系矩阵，再利用网络分析方法，探讨西南地区交通网络的统计特征和城镇体系演化规律。

4.2.1 网络分析方法

社会网络分析法（Social Network Analysis，SNA）是社会学中用于研究社会成员之间关系的定量研究方法，被广泛应用到空间关系和空间相互作用的分析中，对空间关系空间结构属性分析是比较有效的。进行社会网络分析需要先建立研究对象的网络关系，才能在此基础上分析关系结构及其属性。

4.2.1.1 交通网络构建

要用网络分析方法分析问题，首先要有区域之间的定量关系，而交通可达性是评价区域交通网络的一项综合性指标（杨涛和过秀成，1995）。[①] 通过区域之间的交通可达性研究空间网络的核心在于，从"关系"的角度出发，地区之间的交通网络正是地区间关系的表现。在这个定义基础上，考虑西南地区是 436 个个体组成的区域经济系统，区域之间存在相互作用，通过交通网络发生着复杂的经济联系，形成一个网络。一个县就是这个网络中的点，因此，交通—县域系统可以描述为一个点集 $R = \{1, 2, 3, \cdots, n\}$，$n \in N$，两区域之间通过交通连接形成网络中的边，为 E_{ij}，边集 $E = \{E_{12}, E_{23}, \cdots, E_{ij}, \cdots\}$，交通网络表示为 $N = \{R, E\}$。当区域处于独立状态，不与系统内其他区域发生经济关系时，成为空网络，而区域之间互相都有作用时，称为完全连接网络，这样的一个交通网络可以用复杂网络的指标进行描述。

4.2.1.2 网络的统计描述指标

网络的形状是网络的一个基本属性，称为网络结构或拓扑结构（Christakis，2012）。[②] 在图论的概念中，一个网络是由点和点之间的连线（边）组成的集合。形状的可视化可以方便对网络属性的研究，以及对网络结构的进一步了解。社会网络分析强调个体间的相互关系、关系内涵及社会网络结构对社会现象的解释，以及个体在网络中的位置、权利等。所以，社会网络在个人理性抉择与社会制约之间建立起一座桥，在微观个体与宏观现象之间建立起一座桥（罗家德，

---

① 杨涛，过秀成. 城市交通可达性新概念及其应用研究 [J]. 中国公路学报，1995（2）：25 – 30, 73.

② ［美］Nicholas A. Christakis. 大连接：社会网络是如何形成的以及对人类现实行为的影响 [M]. 简学译. 北京：中国人民大学出版社，2012.

2003）。① 网络特征的刻画指标主要包括网络密度及平均路径长度、聚类系数和度值。

（1）网络密度及平均路径长度。网络密度被定义为实际拥有的连线数与整个网络中最多可能拥有的连线数之比（刘军，2004）。② 网络密度 D_e 是反映网络中各区域之间关联关系疏密情况的指标，是实际关系数与最大可能关系数的比值，密度值越大，区域连接数量和区域间要素流动和联系频率越大。该测度的取值范围为 [0，1]，一个孤立城市的网络密度为 0，一个完备网络（任意两点之间相互联系）的网络密度为 1。表达式如下：

$$D_e = \frac{l}{n \cdot (n-1)} \qquad (4-2)$$

其中，n 是节点的个数，n · （n-1）是网络拥有的最大边数目，l 是节点的实际关系数，也是网络的实际边数。平均路径数是指任意两个节点之间连通需要通过的最少边数。

（2）聚类系数。聚类系数反映了与一个节点相连接的其他节点是否相互连接的情况。在进行网络分析时，每个节点都不是独立的，而是与其他节点相互连接，以中心节点与网络中任意两个节点构成的三角形的集合，其中任意两个节点都存在路径，使两个节点产生直接或间接联系，这些相互联系的节点成为一个聚类。在县域交通网络中可以理解为，一个县相连接的其他两个县域之间是否也相互连接。聚类系数值越大，说明整体网络局部联系程度越强。可以表示为：

$$C_i = \frac{1}{k_i(k_i-1)} \sum_{j \neq k}^{n} a_{ij} a_{jk} a_{ik} \qquad (4-3)$$

（3）度值。度是刻画单个节点属性最简单而又最重要的概念之一（汪小帆，2012）。如果一个点与很多点有直接的联系，该点具有较大的度，因此在网络中具有重要的地位。为了突出拓扑结构的属性，可视化软件往往将中心度高的成员放在网络的中间位置，而把中心度低的放在边缘位置。知道邻接网络矩阵 A = $(a_{ij})_{N*N}$，得到：

$$\langle k \rangle = \frac{1}{N} \sum_{i=1}^{N} k_i = \frac{1}{N} \sum_{i=1}^{N} a_{ij} \qquad (4-4)$$

度最大的点就是网络的中心，与周围的节点联系最多。中心性主要是反映区

---

① 罗家德. 网络理论、产业网络与技术扩散 [J]. 管理评论，2003（1）：27-31，63.
② 刘军. 社会网络分析导论 [M]. 北京：社会科学文献出版社，2004.

域经济网络中各区域在网络中的地位和作用的指标。处于中心位置的城市，中心性越大，与其他城市的关联越紧密，越能影响其他区域。

交通基础设施是具有明显特征的有形空间网络体系（金凤君，2013）。① 通过 GIS 得到的交通网络数据和可视化结果能直观地分析空间的层次和变化，但是对于网络的统计性描述还不够，因此，结合社会网络分析方法进一步对交通网络拓扑结构进行描述。西南地区交通网络和城镇空间结构相伴而生，通过对交通网络的分析，同时可以反映城镇的空间结构。

4.2.2 交通网络统计特征

交通网络和城镇体系并不是随机形成的，因此对它的网络拓扑性质的描述统计是非常重要的，城市网络之间的网络关系实际就是相互作用的结果，它的特征演化过程就是城市背后动力机制的表现。Ucinet 6.2 软件是一款社会网络分析软件，有较强的矩阵分析功能，可以定量分析网络密度、平均路径长度、聚类系数、度分布和中心性等指标，同时能对网络结构进行可视化呈现。本章在县域交通网络矩阵基础上，通过网络分析方法，利用 Ucinet 6.2 软件对交通网络进行可视化分析和网络特征的统计描述。

2007～2016 年，西南地区交通网络的连边数量不断增加，统计特征也不断变化。本章希望通过定量的分析，对交通网络有更进一步的认识。从 Ucinet 6.2 的分析结果可知，西南地区交通体系的空间网络结构发生了比较明显的变化（见表 4-5），网络密度越大，网络对县域交通网络的影响也会越大，越容易获得和共享区域内资源。西南地区交通网络密度值逐年增加，2007 年网络密度为 0.75，2010 年网络密度为 0.76，到 2016 年网络密度达 0.87，城市之间的联系更为紧密。随着交通基础设施的完善，县域的经济活动和要素的流动日益频繁，表现出网络结构形态，其复杂性和系统性增强。西南地区城镇网络的平均最短路径从2007 年的 1.956 缩短为 2010 年的 1.889，再到 2016 年的 1.825，也就是说，到2016 年，城市之间要建立联系，平均只需要通过 1.825 个城市。所有的节点城市最多通过两个城市就能与其他城市可达。交通网络对空间结构影响的最直接体现就是城镇在空间上的聚集，形成集聚经济。建立在距离基础上的凝聚力指数不断增加，2007 年为 0.616，2010 年为 0.632，2016 年为 0.651，该指数越大，说明

---

① 金凤君. 基础设施与经济社会空间组织 [M]. 北京：科学出版社，2013.

城市网络越具有凝聚力，也就是说，西南地区县域间的凝聚力是不断增强的，集聚经济的优势不断增加。分析中发现，西南地区具有三个明显的凝聚子群，第一个凝聚子群为成渝城市群，第二个凝聚子群为贵州城市群，第三个凝聚子群为滇中城市群。其他地区虽然表现出一些集聚特征，但仍以交通骨干为支撑的廊道经济为主。与构建的 436 个节点的随机网络对比可知，随机网络的路径长度为 2.02，与西南地区交通网络平均路径非常接近，但是随机网络的聚集系数则相对小很多，为 0.133，因此本章认为西南地区的交通网络具有小世界网络的特征。①

表 4 - 5　交通网络统计指标

统计指标	随机网络	2007 年	2010 年	2012 年	2016 年
网络密度	—	0.75	0.76	0.85	0.87
平均距离	2.02	1.956	1.889	1.858	1.825
凝聚力指数	0.133	0.616	0.632	0.642	0.651

资料来源：笔者根据计算结果整理。

4.2.3　基于交通网络的城镇空间结构

由于本书的交通网络是基于交通基础设施的平均旅行时间，交通网络在很大程度上能反映县域之间的相互作用关系，因此，利用 Ucinet 6.2 软件得到 2007 年、2010 年、2012 年及 2016 年的交通网络图（见图 4 - 3）。结合对西南地区空间结构的分析，我们可以比较清楚地看到西南地区交通网络结构从简单到复杂、从稀疏到紧密的演变过程。2007 年的交通网络已经初步形成，除了成渝城市群、云贵城市群外，外围交通网络表现出更强的"点—轴"模式，"轴"效应表现得比较明显，省际联系主要是基于交通轴的联系，轴上的城市相对区位优势更突出。2016 年的西南地区交通网络发生了明显的变化，整体优势有了很大提升，区域之间的联系更紧密，大部分城市交通网络比较高，与周围地区产生联系，还有一些边缘地区联系较弱，但相对于 2007 年，即使是边缘县域，也融入到了整体交通网络，实现了所有县域的可达。城市群之间的规模和范围增加，其他边缘县域与城市群的联系更为紧密，表现出更强的网络化特征。从 2007 ~ 2016 年的交通网络图可以看到，虽然有很多变化，但是由于交通基础设施一旦建立，在空间上是确定和长期的，因此 2010 年和 2016 年的交通网络表现出更多相同的特

---

① 平均路径和随机网络接近，但凝聚力指数较大的网络具有小世界网络特征。

性，2016 年的网络是 2007 年基础上的演变。

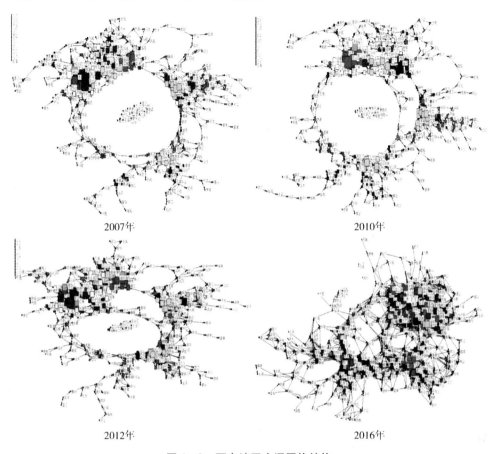

2007年

2010年

2012年

2016年

图 4-3 西南地区交通网络结构

从空间分布上看，城镇沿交通基础设施布局，交通网络骨架构成了城市联系的基本形态。交通网络从最初的"轴"效应，慢慢演变为网络效应，产生了集聚的作用，省际联系增强。空间上的连通范围也有了延伸，边缘县域有了更多的空间关联，表现为"核心—边缘"和"点—轴"等多模式嵌套结构。

在交通网络基础上，西南地区的城市空间结构是一个动态演化的过程，从演化的特征来看，西南地区的空间发展可以分为圈层的城市群扩展、轴向的区间联系发展、区域组团式发展（周春山，2007）。① 交通网络演化受到行政区域约束，省内城市空间发展是圈层的城市群扩展，如图 4-4（a）所示，同时区间联系为

---

① 周春山. 城市空间结构与形态 [M]. 北京：科学出版社，2007.

轴向发展，如图4-4（b）所示，这两个过程几乎同时进行。四川省、重庆市作为一个较大的城市群，贵州省和云南省分别聚合为一个小群体，散布在各省独立发展。成都平原地区由于发展较早，经济基础好，区位优势突出，产业结构合理，是西南地区的中心位置，以成渝为第一中心，周围的绵阳、德阳、乐山、眉山、自贡等为次中心，成昆、成渝、成达等铁路干线和高速公路网为发展轴，形成了第一大城市群落，城市规模大，城市数量多，布局比较集中；而贵州和云南布局较为分散，没有形成引领区域发展的中心城市，同时，本来有限的中小城市分散发展，形成了以贵阳为中心，凯里、都匀、安顺等为次中心的黔中城市群和以昆明为中心，玉溪、楚雄等为次中心的滇中城市群，贵昆高速等作为主要发展轴。在2016年基本形成了成昆经济带、成黔经济带和滇黔经济带连接城市群发展的三角形空间结构形态，如图4-4（c）所示。

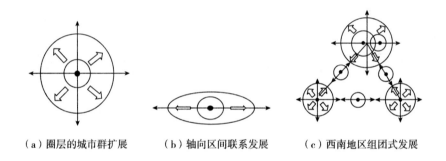

（a）圈层的城市群扩展　　（b）轴向区间联系发展　　（c）西南地区组团式发展

图4-4　基于交通网络的西南地区城镇结构

资料来源：笔者根据周春山（2007）改绘。

4.2.4　基于交通网络的县域体系层次分布

西南地区空间上的县域体系表现出等级结构。2007~2016年西南地区县域等级关系发生了明显的变化，2016年呈现出有规律的城镇层次分布（见图4-5），说明西南地区在交通网络驱动下，已经形成了相对稳定的城镇体系空间结构。初步形成的成渝城市群、黔中城市群、滇中城市群及沿交通干线的"点—轴"组成了西南地区"核心—边缘"空间结构。成都、重庆处在西南地区的核心位置，度值最大的分别是锦江区、武侯区、青羊区、渝中区等。有一些县域，通过交通基础设施的建设获得了较好的区位，从而带动城镇的发展，而有些区域，处于交通网络末梢，相对来说在网络中的等级变化不大。分省来看，四川排名前 10 的县分别是金牛、青羊、成华、武侯、锦江、九龙、新都、资阳市中、内江、青白；重庆排名前九的县分别是大渡、沙坪、渝中、江北、巴南、南岸、渝北、北碚、江津；贵州排名前九的县分别是云岩、南明、乌当、观山、白云、清镇、花溪、红花、遵义、汇川；云南排名前 10 的县分别是五华、西山、水富、官渡、盘龙、呈贡、安宁、盐津、沾益、新平。

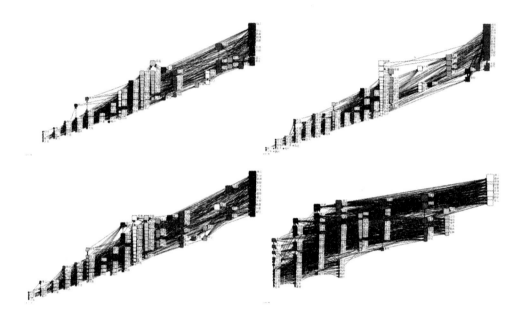

图 4 – 5　2007 年、2016 年西南地区城镇体系分布

西南地区县域在数量和规模上存在失衡，四个省市之间不平衡的发展趋势较为显著，省内县域间等级结构明显，其中心地区的度值四川省最高，其次是重庆市，再次是贵州省，最后是云南省（见图 4 – 6），但是云南变化最为明显，其次是贵州，再次是重庆和四川，省市间差距有缩小的趋势。考虑到各城市的等级差异，在分析评价时分为三个等级：第一等级度值大于 60，第二等级度值大于 20、小于 60，第三等级度值大于 0、小于 20。2007 年第一等级 54 个，占总数的 11.6%，其中四川省 39 个，占 76.5%，重庆市 10 个，占 19.6%，贵州省 5 个，占 10%，云南省没有；2007 年第二等级 252 个，占总数的 58.5%，四川省 112 个，占 42.6%，重庆市 19 个，占 7.4%，贵州省 65 个，占 25.3%，云南省 56 个，占 21.8%；2007 年第三等级 130 个，占总数的 30%，四川省 30 个，占

22.7%，重庆市 9 个，占 6.8%，贵州省 18 个，占 13.6%，云南省 73 个，占 55.3%。这些数据清楚地显示，四川省的城市等级结构比较合理，第一等级城市占省内的 21.6%，第二等级城市占 61.9%，第三等级城市占 16%，呈现出大中小错落有序的等级结构，并且小城市之间的交通网络也较好。重庆市等级结构也比较合理，第一等级城市占 26%，第二等级城市占 50%，第三等级城市占 24%。贵州省和云南省的城市发展情况较差，其中贵州省第一等级城市占 5.7%，第二等级城市占 73.9%，第三等级城市占 20%。云南省没有第一等级城市，第二等级和第三等级城市分别占 43.5%、56.5%，等级结构较差。

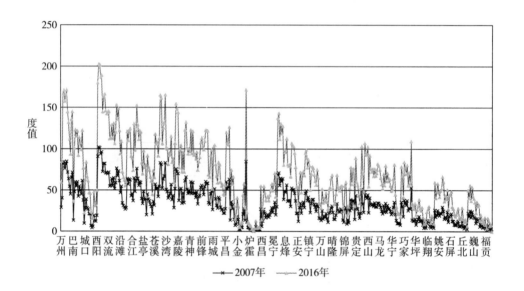

图 4-6 2007 年、2016 年西南四省（市）县域等级分布

到 2016 年，城市等级结构发生了变化。其中，2016 年第一等级县 61 个，占总数 13.6%，四川省 43 个，占 72%，重庆市 13 个，占 21.7%，贵州省 5 个，占 8%，云南省没有；2016 年第二等级县 268 个，占 62%，四川省 109 个，重庆市 20 个，贵州省 69 个，云南省 70 个；2016 年第三等级县 106 个，占 24%，四川省 27 个，重庆市 5 个，贵州省 15 个，云南省 59 个。四川省的第一等级城市增加了 4 个，第二等级城市和第三等级城市都有所减少；重庆市第一等级城市增加了 3 个；贵州省和云南省第一等级城市没有变化，但第二、第三等级城市占比变化较大，其中，贵州省第二等级城市增加了 7%，云南省第二等级城市增加了 11%。

在数量和规模失衡的基础上，西南地区的城市群发展在空间结构方面的失衡更为严重，集中在小面积范围内，对其他城市和区域的辐射力度非常有限。西南地区城市发展受到经济基础的约束，城市数量和规模变化都非常缓慢，同时，城市的性质也很难得到改变。第一等级城市发展不足，虽然成渝第一等级城市占了20%以上，但是度值并不高，虽然居于西南的中心，但是还不足以带动整个西南地区的发展。第二等级城市数量虽多，但是贵州省和云南省的城市布局分散，虽有多中心发展的潜力，但是整体发展水平还有待提升。第三等级城市数量占比较高，特别是云南省，占到了城市的一半以上，城市规模分散，还需要提高区域的交通网络。

4.3 交通网络、城镇化与西南地区县域经济空间分布特征

4.3.1 基于特征椭圆的西南地区交通网络、城镇化与县域经济空间分布特征

4.3.1.1 特征椭圆方法及指标

空间统计标准差椭圆方法基于研究对象数据集的空间方向和空间分布进行计算，最早由韦尔蒂·利菲弗（D. Welty Lefever）于 1926 年提出，它可以同时描述研究对象空间分布的中心性、展布性、密集性、方位、形态，在地理范围内定量分析要素的集聚特征，并且在此基础上实现地图的可视化，将二维的、离散的、网络的产业空间分布转换成五个一维的但具有二维空间特性的可计量的维度进行相对独立的统计分析，从而为理解和描述研究对象的动态过程提供了参考标准。

空间统计标准差椭圆方法将空间聚集程度与经济活动的地理范围相联系，主要是根据研究对象集的平均重心分别计算 x 方向和 y 方向的标准距离，作为椭圆的长轴、短轴，以此来判断研究对象的空间位置相对平均中心位置的偏离程度。

空间椭圆特征能够有效刻画研究对象的空间特征，并通过地理区位的图形表达，定量、可视化地精细揭示要素的空间分布特征及动态演化过程。生成的结果

正如它的别名一样，会输出一个椭圆，整个地理空间被椭圆分为椭圆内部和外部两部分；生成的椭圆能够包含68%的范围；x 轴、y 轴又将椭圆内部划分为四个子空间。位于椭圆内部的为地理要素的主体，当椭圆内部要素增速快于椭圆外部要素的增速时，要素空间分布椭圆将有收缩的趋势，反之，则为扩张的趋势（赵璐和赵作权，2014）。[①]

在二维平面空间上各基本要素和特征的表达如下：用椭圆代表空间格局，椭圆的中心反映空间格局的中心性，指一个空间整体的中心位置，可以是地理中心或指定变量的中心。椭圆的长短轴反映空间格局的展布性，描述了空间的分布范围；方位角反映空间格局的方位，指主体的延展方向，长轴与短轴之比反映空间格局的形状（长轴大于等于短轴），比值大于1，形状倾向于椭圆，比值等于1，则长短轴相等，为标准的圆形。[②]

首先，确定椭圆的中心，即椭圆中心的坐标，即要素在二维空间上分布的相对位置。从分析情况来看，平均中心与算数平均的相差不大，本章选择平均中心来计算椭圆的中心。表达式如下：

$$\overline{x_i} = \sum_{i=1}^{n} \frac{w_i x_i}{w_i}, \overline{y_i} = \sum_{i=1}^{n} \frac{w_i y_i}{w_i} \tag{4-5}$$

其中，n 是每个变量的总个数，$\overline{x_i}$、$\overline{y_i}$ 分别表示经纬度中心坐标，w_i 表示权重，根据分析的问题而定，如需要分析地区经济中心，它表示 GDP 或人均生产总值；x_i、y_i 分别表示一个地区的经纬度。

其次，确定长轴和短轴。椭圆的长轴 x、短轴 y 的长度可以表示展布性，长轴表示要素分布的主要方向，短轴表示要素分布的范围，两者决定了椭圆的面积，并且能在一定程度上解释要素的离散和聚集程度，差值越小，表明离散程度越大。长轴和短轴的值主要由方差决定，将最大的方差设置为长轴，最小方差设置为短轴。计算公式如下：

$$SDE_x = \sqrt{\frac{\sum_{i=1}^{n} (x_i - \overline{x})}{n}}, \quad SDE_y = \sqrt{\frac{\sum_{i=1}^{n} (y_i - \overline{y_i})}{n}} \tag{4-6}$$

长短半轴的值差距越大（扁率越大），表示数据的方向性越明显。反之，如

① 赵璐，赵作权. 基于特征椭圆的中国经济空间分异研究 [J]. 地理科学，2014，34（8）：979 - 986.

② 赵作权. 空间格局统计与空间经济分析 [M]. 北京：科学出版社，2014.

果长短半轴越接近，表示方向性越不明显。如果长短半轴完全相等，就等于是一个圆，表示没有任何的方向特征。短半轴表示数据分布的范围，短半轴越短，表示数据呈现的向心力越明显；反之，短半轴越长，表示数据的离散程度越大。当短半轴与长半轴完全相等时，空间分布处于完全随机状态。

方位角为正北方向顺时针旋转到椭圆长轴 x 的角度，反映其分布的主趋势方向，计算公式如下：

$$\tan\theta = \frac{\left(\sum\limits_{i=1}^{n}\widetilde{x}_i^2 + \sum\limits_{i=1}^{n}\widetilde{y}_i^2\right) + \sqrt{\left(\sum\limits_{i=1}^{n}\widetilde{x}_i^2 + \sum\limits_{i=1}^{n}\widetilde{y}_i^2\right)^2 + 4\left(\sum\limits_{i=1}^{n}\widetilde{x}_i\widetilde{y}_i\right)}}{2\left(\sum\limits_{i=1}^{n}\widetilde{x}_i\widetilde{y}_i\right)} \tag{4-7}$$

其中，$\widetilde{x}_i$，$\widetilde{y}_i$ 分别是平均中心 $\overline{x}_i$，$\overline{y}_i$ 和长短轴 SDE_x，SDE_y 的差。因此能得到长轴 x、短轴 y 的标准差：

$$\sigma_x = \sqrt{2}\sqrt{\frac{\sum\limits_{i=1}^{n}\left(\widetilde{x}_i\cos\theta - \widetilde{y}_i\sin\theta\right)^2}{n}}, \sigma_y = \sqrt{2}\sqrt{\frac{\sum\limits_{i=1}^{n}\left(\widetilde{x}_i\sin\theta + \widetilde{y}_i\cos\theta\right)^2}{n}} \tag{4-8}$$

空间形状（O）则用椭圆形状直观来表征，反映其延展的程度，通过椭圆的长轴与短轴比决定延展方向，计算公式如下：

$$O = \frac{\partial_x}{\partial_y} \tag{4-9}$$

4.3.1.2 西南地区的空间椭圆特征

利用 Arcgis 10.3 对 2007 年人均生产总值、城镇化率、交通网络进行标准椭圆分析，得到三个椭圆。三个椭圆的主要覆盖范围为各变量值的 68% 水平，生成的椭圆面积相差不大，方向基本相符，呈现出"西南—东北"走向，经济分布略向西南偏移，方位角也有差异，三者的空间分布总体相似，交通网络越高的地区，城镇化程度越高，县域人均生产总值越高，

通过分析得出，2007 年西南地区的人均 GDP、城镇化率及交通网络的中心都不一致，但是变化不大，其中整体的中心位于四川省、贵州省、云南省交界处，各省的中心分别位于省会城市附近。不管是从整体还是每个省单独来看，交通网络、城镇化、县域经济的发展在空间上是耦合的，西北地区交通网络、城镇化、县域经济耦合情况比东南地区好。

从椭圆的形状来看，2007 年交通网络、城镇化、县域经济椭圆的短轴分别为 277 千米、307 千米、298 千米，长轴分别为 394 千米、374 千米、407 千米。

交通网络、城镇化、县域经济 68% 水平的标准椭圆所占面积重庆最小，这除了与本身的行政面积有关外，还说明了重庆的经济聚集度是最高的；云南省 68% 水平的标准椭圆所占面积大于 68%，说明经济发展在空间上还比较离散。人均 GDP、城镇化率、交通网络的整体方位角分别为 37.96°、42.93°、43.63°，方向基本朝着东北向延伸。单独从各省来看，方位角都增大，其中云南的方位角最大，在 80°左右，四川省和贵州省的方向较一致，方位角为 68°左右，重庆为 55°左右。椭圆的形状也有很大的区别，从西南地区整体来看，人均 GDP、城镇化率及交通网络的长短轴之比都在 1.4 左右，形状差别不大。从单个省来看，重庆市的长短半轴比最大，都在 2.0 以上，椭圆形状相对较扁，即在西南地区来看，重庆市内县域发展差距较大；其次是贵州省，比值在 1.6 左右；再次是四川省，为 1.5 左右；而云南省的相对较圆，比值大概为 1.2，县域发展在空间上比较均衡。

2016 年西南地区交通网络、城镇化、县域经济的空间耦合情况相比于 2007 年出现了较大变化，城镇化的中心向东北方向移动，说明在这 10 年间成渝的城镇化水平发展较快，各省的中心依旧位于省会城市附近，交通网络、城镇化、县域经济耦合较好的区域向东北成渝方向移动。交通网络、城镇化、县域经济椭圆短轴分别为 292 千米、300 千米、296 千米，长轴分别为 400 千米、358 千米、409 千米。交通网络、城镇化、县域经济椭圆的整体方位角分别为 43.58°、42.98°、43.31°。从各省的情况来看，2016 年交通网络、城镇化、县域经济的椭圆重合度更好，相比 2007 年耦合情况都有提升。

表 4 - 6 显示了不同椭圆参数下，西南地区 2007 年和 2016 年的椭圆特征值。对比中心经度和纬度可以看到，西南地区人均 GDP、城镇化、交通网络的中心都不同程度地发生了变化，其中城镇化的变化相对较大，整体往东北方向移动，即 2007 ~ 2016 年成渝地区的城镇化进程相比云南省和贵州省发展较快。人均 GDP 空间椭圆的面积 2007 ~ 2016 年有增大趋势，西南总体人均 GDP 椭圆的短轴变化最大，增加了 15 千米，也就是说，西南地区县域经济在空间上集聚程度下降，有均衡发展趋势。城镇化空间椭圆面积的变化最大，短轴增加了 13 千米，长轴缩短了 16 千米，这主要由于重庆市和四川省变化引起，贵州省和云南省几乎没有变化，城镇化进程较缓慢。相对来说，交通网络、城镇化及县域经济椭圆的方位角变化较小。由于长轴和短轴都分别在增加，椭圆的面积 2007 ~ 2016 年普遍变大，但形状却没有发生太大变化，只有贵州省的人均 GDP 椭圆更倾向于向长轴方向发展，而云南省的城镇化发展在空间上更接近圆形分布。

表 4－6　2007 年、2016 年人均 GDP、城镇化、交通网络的特征椭圆指标

参数		中心经度（°W）		中心纬度（°E）		短半轴（km）		长半轴（km）		方位角（°）		形状	
年份		2007	2016	2007	2016	2007	2016	2007	2016	2007	2016	2007	2016
人均生产总值	西南	104.22	104.5	28.39	28.18	277	292	394	400	37.96	43.58	1.4	1.4
	重庆	106.95	107.05	29.73	29.79	67	72	142	154	68.19	67.1	2.1	2.1
	四川	103.96	104.02	29.98	30.04	175	174	265	259	52.69	54.01	1.5	1.5
	贵州	106.78	106.91	26.7	26.79	110	114	170	177	68.14	65.95	1.5	1.6
	云南	102.03	101.91	25.05	24.99	201	202	258	260	83.48	85.21	1.3	1.3
城镇化率	西南	104.75	104.78	28.31	28.8	307	300	374	358	42.93	42.98	1.2	1.2
	重庆	106.93	107.07	29.73	29.8	60	75	141	158	66.43	66.11	2.4	2.1
	四川	104.06	104.17	30.14	30.16	178	187	258	263	55.03	60.25	1.4	1.4
	贵州	106.95	106.95	26.79	26.79	116	116	184	184	63.94	63.92	1.6	1.6
	云南	101.88	101.86	24.97	24.93	210	212	263	264	76.83	80.38	1.3	1.2
交通网络	西南	104.45	104.44	28.11	28.07	298	296	407	409	43.63	43.31	1.4	1.4
	重庆	107.18	107.2	29.83	29.83	82	82	166	168	67.39	67.77	2.0	2.0
	四川	104.14	104.14	30.08	30.07	187	186	268	267	61.87	61.32	1.4	1.4
	贵州	106.92	106.91	26.79	26.8	117	117	187	187	65.46	65.16	1.6	1.6
	云南	101.96	101.98	25.07	25.06	208	208	266	265	72.92	72.77	1.3	1.3

资料来源：笔者根据计算结果整理。

4.3.1.3　西南地区贫困县的空间分布

通过西南地区贫困县在空间中的分布与椭圆分布进行对比可以发现，2011 年划定的 220 个贫困县主要分布于椭圆外，秦巴山区、武陵山区、乌蒙山区、川滇藏区大部分分布于椭圆外，只有滇黔石漠化区和滇西边境区的部分位于椭圆内。非贫困县大多数分布于椭圆内，呈现出以省会城市为中心的"核心—边缘"分布模式。

其中，成渝地区的非贫困县与非贫困县聚集、贫困县与贫困县聚集的分布特征较为明显，贵州省、云南省由于贫困县占比较大，在椭圆内也有一部分贫困区的分布，表现出沿交通干线的"轴"向分布特征。因此，我们可以判断，西南地区的非贫困县交通网络、城镇化与县域经济在空间上的耦合度较高；贫困县交通网络、城镇化与县域经济在空间上的耦合度较低。交通网络好的地区，城镇化水平高，县域经济发展好；交通网络差的地区，城镇化水平低，县域经济发展得也差，有空间

耦合特征。并且，贫困县都分布在省际边缘区和交界区，经济发展与地理位置紧密相关。

4.3.2　交通网络、城镇化与西南地区县域经济空间耦合特征

本章基于宏观的椭圆分析发现，西南地区交通网络、城镇化、县域经济在空间上有耦合特征，但是也存在差异，我们并不知道是哪些县耦合得更好、哪些县耦合得较差。因此，接下来我们将历史的考察与横向的比较有机结合，通过耦合评价模型分析西南地区的空间耦合机制。

4.3.2.1　耦合评价模型

耦合是指两个以上物体或系统之间的一种关系，最早应用在物理学中。近年来，经济社会学者在研究中，用耦合来表达经济社会系统之间相互影响的关系，耦合度就是对这种关系程度的定量描述。

首先对数据进行标准化处理。在交通网络、城镇化和贫困的耦合模型中，由于指标的差异较大，直接进行耦合分析会导致错误或误差，因此首先对指标进行无量纲处理。

假设原始数据为一个 m 行 n 列的矩阵，包括 i 个系统和 j 个指标，则$U_{ij} = (u_{ij})_{m×n}$，其中u_{ij}指各个衡量指标的实际值，如果指标越大意味着对交通网络、城镇化的提升有正向作用，则为正向指标；相反，如果指标越小却越有利于交通网络、城镇化的提高，则为负向指标。设处理后指标为$X_{ij}(X_{ij} \in [0, 1])$，则：

$$X_{ij} = \begin{cases} \dfrac{U_{ij} - \min(U_{ij})}{\max(U_{ij}) - \min(U_{ij})}, & \text{当 } U_{ij} \text{ 为正向指标} \\[2mm] \dfrac{\max(U_{ij}) - U_{ij}}{\max(U_{ij}) - \min(U_{ij})}, & \text{当 } U_{ij} \text{ 为负向指标} \end{cases} \qquad (4-10)$$

在物理学容量耦合模型基础上，衍生了经济系统之间的耦合度模型：[①]

$$C_n = \left\{ (u_1 \times u_2 \times \cdots \times u_n) / \prod (u_i + u_j) \right\}^{1/n} \qquad (4-11)$$

其中，C_n表示系统之间的耦合度，$C_n \in [0, 1]$，值越大，说明系统之间的相互作用越强，耦合越好；u_1、u_2、u_n、u_i、u_j分别表示系统中的子系统，n 表示系统中子系统的个数。通过这个模型，可以计算出子系统之间的耦合度，也就能

---

① 黄金川，方创琳. 城市化与生态环境交互耦合机制与规律性分析 [J]. 地理研究，2003（2）：211 – 220.

知道两个系统的相互作用程度。但是还存在一个问题，当两个系统的水平都很低时，也会出现耦合度高的情况，因此还需要结合耦合协调度进行分析。假设现有两个系统，则耦合协调度的表达式为：

$$D = (C + T)^{1/2}，其中 T = \alpha u_1 + \beta u_2 \tag{4-12}$$

其中，D 表示耦合协调度，T 是两个系统的总和协调指数，α、β 为待定系数，表示子系统在耦合协调中的贡献系数，其中 D 的取值范围为 0~1（$D \in [0, 1]$）。根据需要，可以将协调度按不同的标准划分等级，分类来看系统之间的协调程度。

耦合关系实际是对系统结构的表达，本章推导出交通网络、城镇化和县域经济的耦合度模型（C_{up}）和耦合协调度模型（D），表示城镇化和空间的相互影响程度和协调程度为：

$$C = \left\{ (u \times k \times g) / \prod (u + k + g) \right\}^{1/3} \tag{4-13}$$

其中，C 表示两个系统之间的耦合度，k、u、g 分别表示交通网络、城镇化和县域经济指标。借鉴刘耀彬等（2005）的研究成果，将耦合协调度划分为四个等级，[①] 划分标准如表 4-7 所示。

表 4-7　耦合协调度的等级划分

高度协调	0.90~1.00 优质协调发展类
	0.80~0.89 良好协调发展类
	0.70~0.79 中级协调发展类
基本协调	0.60~0.69 初级协调发展类
	0.50~0.59 勉强协调发展类
过渡类型	0.40~0.49 濒临失调衰退类
	0.30~0.39 轻度失调衰退类
失调衰退	0.20~0.29 中度失调衰退类
	0.10~0.19 严重失调衰退类
	0.0~0.09 极度失调衰退类

资料来源：刘耀彬等（2005）。

---

① 刘耀彬，李仁东，宋学锋. 中国城市化与生态环境耦合度分析 [J]. 自然资源学报，2005（1）：105-112.

在失调阶段，城镇化和贫困基本不耦合，这个阶段城镇化发展水平低，而贫困的发生率很高，贫困人口的收入极低；在过渡阶段，城镇化发展水平提升，一部分农村人口迁移到城镇，摆脱贫困；在基本协调阶段，城镇化快速发展，城镇人口增加，但是很多进入城镇的人，因不能马上找到工作等，反而人均收入会降低；在高度协调阶段，城镇化发展到较高水平，贫困问题基本得到解决。

4.3.2.2　耦合度分析

交通网络、城镇化和经济的耦合逻辑复杂，从理论分析和现实经验可知，交通网络和城镇化率越高的地区，人均生产总值越高，越是远离贫困；交通网络、城镇化越低的地区，往往是贫困地区或欠发达地区。交通和城镇化促进经济发展，低水平的交通和城镇化又抑制经济的发展；反过来，经济发展好的地区，城镇人口较多，交通通达性较好，而贫困又很大程度上限制了城镇化和交通的发展。下面本章通过空间耦合特征来分析西南地区县域交通、城镇化和经济三者之间的关系。

通过计算得到西南地区交通网络、城镇化和县域人均生产总值的耦合度。由于样本数量较多，限于篇幅不能——呈现，本章对计算结果进行平均后作图进行对比（见图4-7）。从时间角度看，西南地区交通网络、城镇化和人均生产总值的协调度不断提升，耦合度的平均水平2007年和2016年分别为0.39、0.42，呈现出缓慢递增趋势，所有值均在0.5以下，整体耦合度偏低。

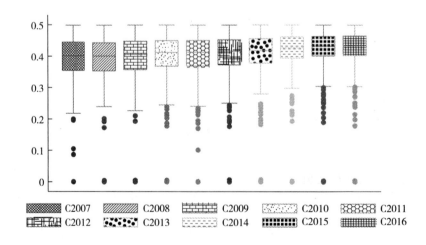

图4-7　西南地区县域耦合度的箱线图

注：C2007代表2007年的耦合度，其他的类似。

西南地区包括 436 个县域，从平均值角度很难看出它们之间的差异，所以还需要在整体分析的基础上进行县域之间的对比分析。在 436 个样本县中，耦合度在 0~0.1 的县基本维持在 3 个，0.1~0.2 的有 2 个左右，0.2~0.3 的稍微多一些，从 2007 年的 44 个减少到 2016 年的 11 个，0.3~0.4 的较多，从 2007 年的 166 个减少到 2016 年的 91 个，0.4~0.5 所占比重最大，2007 年 221 个、2016 年 329 个（见表 4-8），西南地区交通网络、城镇化和人均生产总值的耦合度不高，处于中下水平，但是 2007~2016 年耦合度的总体水平得到了很大的提升，耦合度较低的县不断减少，耦合度较高的县不断增加，2016 年耦合度在 0.4~0.5 的县占了总体的 75.5%。

表 4-8 2007~2016 年不同耦合度对应县个数

年份 耦合度	2007	2008	2009	2010	2011	2012	2013	2014	2015	2016
0~0.1	3	3	3	3	2	3	3	3	3	3
0.1~0.2	2	2	1	2	4	3	3	1	1	2
0.2~0.3	44	25	24	22	23	19	14	12	10	11
0.3~0.4	166	185	177	170	162	162	147	121	95	91
0.4~0.5	221	221	231	239	245	249	269	299	327	329

资料来源：笔者根据计算结果整理。

虽然西南地区整体的耦合度偏低，但是大部分地区的耦合度从 2007 年到 2016 年有了提升，其中变化最为明显的是四川省和重庆市东部地区、贵州省整体及云南省大部分地区，到 2016 年耦合度依然较低的是四川西北甘孜州境内的石渠县、德格县、色达县等，还有四川省、贵州省、云南省交界的乌蒙山片区及贵州省、云南省交界的石漠化片区。

4.3.2.3 耦合协调度分析

耦合协调度的平均值从 2007 年的 0.34 提升到 2016 年的 0.38 [见图 4-8 (a)]。耦合协调度的整体水平变化并不是太大，但是从耦合协调度的分布来看 [见图 4-8 (b)]，西南地区 436 个县域的耦合协调度 2007~2016 年更趋向于正态分布，大部分地区的耦合协调度从 0.3 提升为 0.4。

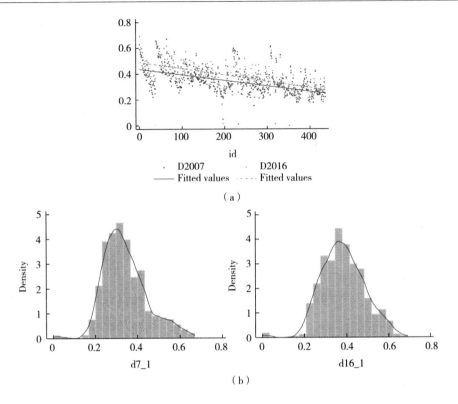

图4-8　2007年、2016年西南地区耦合协调度的变化

注：D2007表示2007年的耦合协调度，其他的类似。

　　由表4-9可知，耦合协调度最低的县（耦合协调度为0~0.1）有3个，分别是石渠县、镇雄县和水城县，还有部分地区处于极度不协调（耦合协调度为0.1~0.2）水平，对比区位分析可知，这些地区恰好位于乌蒙山片区、秦巴山地区和四川藏区，处于深度贫困状态。交叉对比国家扶贫开发工作重点县名单和各县的耦合协调度发现，所有的贫困县耦合协调度均在0.2以下，城镇化和经济发展处于极不协调状态，但这种情况从2007年到2016年也有了明显的变化。耦合协调度高的地区逐渐增加，主要分布于成都平原和安宁河谷一带，并且范围逐渐扩大。其中，耦合协调度的密度发生了较大变化，0.3以下的县，也就是失调衰退类型的县占比从2007年的37.4%下降为2016年的20.9%，耦合协调度在0.3~0.5水平，也就是处于过渡型协调县的从2007年的53.6%上升到2016年的65.4%，其中基本协调的县从2007年的39个提升到2016年的60个。

表4-9 2007~2016年不同耦合协调度对应县个数

年份 耦合协调度	2007	2008	2009	2007	2011	2012	2013	2014	2015	2016
0~0.1	3	3	3	3	3	3	3	3	3	3
0.1~0.2	13	8	8	10	13	12	12	5	4	3
0.2~0.3	147	147	139	125	111	115	106	102	87	85
0.3~0.4	165	174	176	176	178	173	172	177	167	168
0.4~0.5	69	70	70	82	90	90	96	100	117	117
0.5~0.6	31	27	31	29	33	33	36	38	46	50
0.6~0.7	8	7	9	11	8	10	11	11	12	10

资料来源：笔者根据计算结果整理。

相比耦合度，耦合协调度的变化更为明显。2007~2016年，西南地区各县的耦合协调水平均有提高。2007~2016年，西南地区交通网络、城镇化与县域人均生产总值的耦合协调度整体的集聚范围从0.2~0.4向0.3~0.5移动，由过渡类型向基本协调转变，具体情况见表4-9。但是县域之间的差距较大，有一些地区经济发展和城镇化及交通网络高度协调，2007~2016年提升较为明显的地区主要在各省的省会城市周围，从中心到边缘递减。随着城镇化水平的提高，农业人口的比重将不断下降，有了更好的市场经济环境，社会经济向更成熟的阶段发展，此时进入良好的协调期，当农村低收入人口完成迁移，基本实现现代化，此时是城镇化和经济高度耦合的阶段，如成都片区的金牛区、武侯区、成华区、龙泉驿区、青羊区、锦江区等在2007年和2016年的耦合协调度都达到了0.6以上。但还有大部分县域处于城镇化和经济发展低度耦合或极度失衡的状态。对比耦合协调度和国家级、省级贫困县可知，耦合协调度低的地区，通常恰好是贫困县所在地，其中比较有代表性的就是西南地区范围内的6个国家连片特困区。

4.3.2.4 西南地区贫困县的耦合协调度

西南地区的贫困县主要分布于6个连片特困区，接下来我们通过连片区来看贫困县之间耦合协调度的差别。秦巴山区的耦合协调度值在0.2~0.4，2007~2016年，每个县的耦合协调度都有一定程度的提升，实现了从中度失调衰退到轻度失调衰退等级的转变，片区内所有县域向过渡型协调发展，但是片区内情况也存在差异。其中，国道G210途经万源县、宣汉县等，交通网络相对较高，人口集聚得更多，经济发展比片区其他县情况相对好一些；而巫溪县、巫山县、云阳县等位于交通干线的末梢，交通网络较低，与其他县域基本是单线联系，城镇化水平低，经济发展在片区来看是较差的。

武陵山区的耦合协调度值在 0.2 ~ 0.5，在连片特困区中发展相对较好，2007 ~ 2016 年大部分县域实现了从中度失调衰退到轻度失调衰退等级的转变，还有部分县域处于濒临失调衰退等级，向基本协调发展。其中，沿河县、石阡县、正安县等处于贵州省、重庆市及湖南省的交界处，离中心城市的距离最远，交通网络较差，城镇化水平和经济发展水平也相对较低，而黔江县、武隆县、松桃县等相对离中心城市较近，并且旅游资源相对丰富，城镇化水平和经济发展水平也相对是片区最好的，2016 年耦合协调度分别达到了 0.429、0.425、0.441。

乌蒙山片区包含了贫困程度最深的凉山州贫困县，处于四川省、贵州省、云南省交界处，交通网络低，人口较多，但城镇化水平非常低，民族成分多样，贫困原因复杂，各县域耦合协调度值在 0.2 ~ 0.5，其中镇雄县、彝良县、美姑县、昭觉县等耦合协调度较低，处于中度失调衰退等级，毕节七星关区、赤水县、沐川县等耦合协调度分别是 0.467、0.428、0.41，处于濒临失调衰退等级，向基本协调转变。

滇黔石漠化区位于贵州省和云南省交界处，是典型的生态贫困地带。其中西秀区、平坝区、贵定县、龙里县的耦合协调度较高，分别为 0.456、0.436、0.419、0.454，地处贵州省境内，目前交通网络已经较高，并且与黄果树瀑布景区毗邻，因此城镇化水平和经济发展水平相对较好；麻栗坡县、富宁县、砚山县等耦合协调度较低，分别为 0.238、0.232、0.276，位于云南省境内，与贵州省、广西壮族自治区交界处，处于省内交通网络的末梢，远离省际干线辐射范围，与中心城市距离也较远，处于低耦合状态。

滇西边境区的整体耦合协调度是 6 个片区中最低的地区，2007 年大部分县域处于严重失调衰退等级，到 2016 年情况好转，发展为中度失调衰退等级。宁洱县、勐腊县、勐海县等虽然位于边境，但是国道 G213、G214 经过县境内，对地区的带动作用比较大，耦合协调度较高，分别为 0.309、0.311、0.311，并且受西双版纳景区辐射，是片区内发展较好的县域；福贡县等耦合协调度较低，到 2016 年仍是 0.19，处于交通、城镇、经济发展严重失调衰退地区，远离交通干线，处于云南省边境，经济基础发展能力较差，贫困人口多。

川滇藏区耦合协调度在片区中差异较大。其中，石渠县等耦合协调度非常低，属于极度失调衰退等级，位于四川省与青海省交界处，没有主要的交通干线通过。而汶川县的耦合协调度为 0.474、康定县为 0.441、马尔康县为 0.411、理县为 0.429 等，受国道 G213 和 G317 辐射，是阿坝州、甘孜州等地区的政治经济中心，人口城镇化程度相对较高，并且阿坝州、甘孜州及云南香格里拉县等地区旅游资源丰富，是这些地区收入的主要来源之一，因此相对来说耦合协调度较高。

4.3.2.5 相关性分析

耦合协调度高的地区交通网络好，城镇化水平高，经济发展较好。本章通过相关性分析，得到结果如图 4-9 所示。2007 年、2016 年西南地区的交通网络、城镇化、人均生产总值都与耦合协调度正相关，每个地区还是存在较大的差异。交通网络、城镇化水平与贫困的空间分布高度相关，城镇化过程就是要素、人口、经济活动不断集聚的过程，因此不同的城镇化水平在一定程度上影响着县域经济的发展。2007~2016 年西南地区的交通网络、城镇化水平、县域人均生产总值分别与两者的耦合关系呈线性相关，人均生产总值和城镇化水平的提高都能使耦合协调度提高。

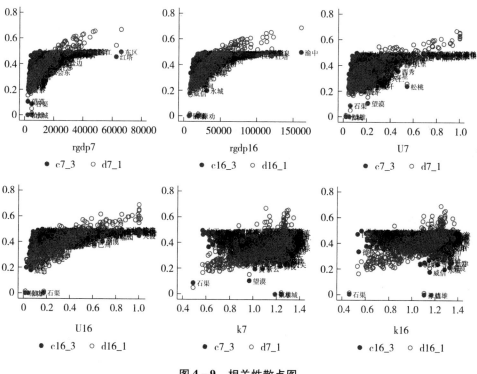

图 4-9 相关性散点图

4.4 本章小结

通过对西南地区交通网络、城镇化及县域经济发展的现状和空间耦合特征进行分析，本章得出的主要结论有：

（1）西南地区交通网络、城镇化与县域经济发展整体滞后于全国平均水平。2007～2016年，西南地区的交通网络得到了明显的提高，可达性水平提升，到2016年，交通网络之间的联系更为紧密，覆盖范围增加，所有的县域都融入到交通网络中，网络规模得到了扩大，更具有系统性；城镇化水平呈现逐渐递增的趋势，但是区域间差距较大，城镇化发展还面临很多阻碍；县域经济发展较快，但是区域之间差距较大，并且西南地区贫困县所占比重大，主要分布于六个连片特困区。

（2）通过交通网络在城镇体系中的分布发现，西南地区城镇结构体系不合理，由交通网络连接的县域结构呈现为"核心—边缘"和"点—轴"等多模式嵌套结构，形成了成昆经济带、成黔经济带和滇黔经济带连接的"成渝城市群""黔中城市群""滇中城市群"构成的三角形空间网络结构形态。四省市间城市规模和数量不均衡发展，整体城市体系不合理。省内县域间等级结构明显，其中心地区的度值排名较高的县域主要分布在西南地区省会城市市辖区。

（3）通过空间椭圆特征分析发现，西南地区交通网络、城镇化与县域经济椭圆在空间上重合面积较大，三者在空间上分布和演变存在相似的特征，交通网络密度高、城镇化水平高、经济发展较好的县域大多分布在椭圆内，交通网络密度低、城镇化水平低、经济发展较差的县域大多分布于椭圆外，贫困县基本上分布在椭圆外。因此，我们从宏观上判定，西南地区交通网络、城镇化与县域经济在空间上有耦合关系。

（4）针对县域的耦合度分析发现，西南地区交通网络、城镇化和县域经济的空间耦合关系成立，三者发展水平越高的地区，耦合协调度越高，这些县域主要分布于省会城市附近；三者发展水平较低的县域耦合协调度较低，这些县域主要分布于边缘区或省界交界区。

5 交通网络、城镇化与西南地区县域经济增长的空间溢出效应

本章基于 2007～2016 年西南地区 436 个县域的面板数据，利用空间杜宾模型，对比了邻接权重、距离权重、经济地理嵌套权重及交通网络权重下，城镇化和交通网络对西南地区经济的溢出效应。

5.1 模型、权重及数据来源

5.1.1 模型设定

空间滞后模型（Spatial Lag Model，SLM）、空间误差模型（Spatial Error Model，SEM）和空间杜宾模型（Spatial Durbin Model，SDM）是目前研究中应用较多的空间计量模型，在应用中可能误设的情况及误设模型的影响见表 5-1。

表 5-1 几种典型的空间计量模型及估计结果的比较

选择模型	可能误设模型	误设模型估计结果
SEM	SLM、SDM	SLM 有偏估计（离散程度估计错误），SDM 无偏估计
SLM	SEM、SDM	SEM 有偏估计，SLM、SDM 无偏估计，同时能正确度量；SDM 的离散程度
SDM	SEM、SDM	遗漏变量

资料来源：LeSage 和 Pace（2009），转引自杨孟禹和张可云（2016）。

SLM 考虑了被解释变量的滞后因素，也被称为空间自回归模型；SEM 认为

空间相关主要表现在误差项上，也被称为空间自相关模型；SDM 既包括自变量滞后项，又包括因变量滞后项，有助于防止遗漏变量偏误，要优于空间滞后模型和空间误差模型（LeSage and Pace，2009）。[①] 因此，通过对比几种典型的空间计量模型后，本章选择 SDM 模型为基本模型。SDM 模型表达式如下：

$$Y_{it} = \alpha_0 + \rho w_{it} y_{it} + \beta X_{it} + \theta w_{it} X_{it} + u_{it} + \lambda_t + \varepsilon_{it} \tag{5-1}$$

其中，Y_{it} 为被解释变量，α_0 是常数项，ρ 是空间滞后变量系数，w_{it} 是反映空间关系的权重矩阵，β 是本地变量的回归系数，θ 是变量空间滞后项的弹性系数，u_{it} 是个体固定效应，ε_{it} 为扰动项。

本章主要分析交通网络和城镇化对经济增长的空间溢出效应，在张学良（2012）[②] 等的模型基础上，构建本章的回归方程如下：

$$\begin{aligned}
lnrgdp_{it} = &\beta_0 + \rho W lnrgdp_{it} + \beta_1 U_{it} + \beta_2 lnK_{it} + \beta_3 lnE_{it} + \beta_4 lnI_{it} + \beta_5 lnZ_{it} + \\
&\beta_6 lnG_{it} + \beta_7 cc\_2_{it} + \theta_1 WU_{it} + \theta_2 WlnK_{it} + \theta_3 WlnE_{it} + \theta_4 WlnI_{it} + \\
&\theta_5 WlnZ_{it} + \theta_6 WlnG_{it} + \theta_7 Wcc\_2_{it} + u_{it} + \varepsilon_{it}
\end{aligned} \tag{5-2}$$

其中，$\beta_0 \sim \beta_7$ 分别是常数项及各本地变量的回归系数，$\theta_1 \sim \theta_7$ 是变量空间滞后项的弹性系数，ρ 是空间相互作用的程度，W 是权重矩阵，本章中 i = [1，436]，U 是城镇化水平，lnK 是交通网络的对数，lnE 是就业人数的对数，代表劳动力投入，lnI 是第三产业产值与总产值比的对数，代表产业结构水平，lnZ 是一般财政支出的对数，代表政府的干预力度，lnG 是固定资产的对数，代表资本投入，cc_2 是城镇化率的平方项，u_{it} 是个体固定效应，ε_{it} 是随机误差项。

5.1.2　空间权重构建

空间效应虽然客观存在，但是却不能直接观测，它的计量和实现很大程度上依赖于空间权重的构建。空间权重作为空间结构和关系的抽象和表达，每个空间单元邻居的集合可以表示为一个图形或网络结构及相关的连接矩阵（Anselin，1988b），这个矩阵反映了空间单元之间的连接性。[③] 但空间权重对于真实结构的描述是很有限的，现有研究对于空间权重矩阵的设定大多数是基于主观设定，应

① LeSage P. , Pace R. Introduction to Spatial Econometrics [M]. Florida：CRC Press, Taylor & Francis Group, 2009.

② 张学良. 中国交通基础设施促进了区域经济增长吗——兼论交通基础设施的空间溢出效应 [J]. 中国社会科学, 2012 (3)：60 – 77, 206.

③ 詹姆斯·勒沙杰，R. 凯利·佩斯. 空间计量经济学导论 [M]. 肖光恩，杨勇，熊灵，魏伟译. 北京：北京大学出版社, 2014.

用最多的空间权重矩阵仍是固定时间约束下外生权重矩阵（Dubé et al.，2014）。[①] 目前的空间权重矩阵大概可以分为三类（见图5-1）。

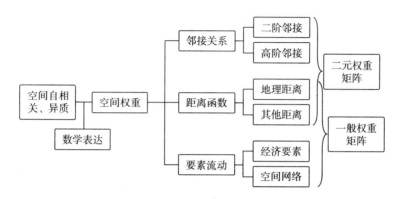

图5-1　空间权重矩阵的设定方法分类

资料来源：在张可云等（2017）基础上加上了网络权重。

Moran（1947）等提出了空间自相关，认为相邻地区之间的影响普遍高于不相邻地区，而在距离衰减理论的基础上，每个地区与其他地区之间都会存在影响关系，区别在于影响的大小不同。[②] 根据这个推理，李婧等（2010）使用了地理距离权重矩阵。[③] 而 Cliff – Ord 认为，反距离权重矩阵更切合实际。空间效应在经济学领域被广泛应用后，学者们注意到，不仅仅是距离影响区域间的关系和空间结构，经济社会因素也是驱动空间结构变化的主要因素，因此经济距离权重矩阵更切合空间效应的交互作用。可即便如此，对于空间权重的探索还是没有停止，随着交通技术、互联网技术、经济贸易需求、人员要素流动等客观事实的发生，空间结构也发生了很大的变化，"地方空间"向"流动空间"转变，邻近关系也逐渐发展为空间网络关系，通过探究基于区域之间的要素流动关系来分析空间结构成为了研究热点，但限于数据的可得性，以企业的分析和交通的分析为主。区域间的流量数据应该是空间关系的最优样本，但是流量数据不可得，而构

① Jean Dubé, Diègo Legros. A Spatial Difference – in – Differences Estimator to Evaluate the Effect of Change in Public Mass Transit Systems on House Prices［R］. Transportation Research Part B., 2014: 24 – 40.

② Moran P. A. The Interpretation of Statistical Maps［J］. Journal of the Royal Statistical Society, 1947, 10 (2): 243 – 251.

③ 李婧，谭清美，白俊红. 中国区域创新生产的空间计量分析——基于静态与动态空间面板模型的实证研究［J］. 管理世界，2010 (7): 43 – 55, 65.

建反映区域间交通联系的空间权重相对比较简单。Anselin（1980，1984a）认为，通过可达性和潜力的概念构建权重矩阵是可行的，并且与空间相互作用理论中的概念相关，因此，交通网络权重可以明显改善模型（LeSage et al.，2009）。[1]

本章考虑权重对溢出效应的影响，构建四个不同的权重，分别是邻接权重、距离权重、地理—经济嵌套权重及交通网络权重。具体来说：①邻接权重。空间上相邻的区域更容易形成集聚，集聚导致的规模经济最终将进一步提高经济活动在空间上的集中（Krugman，1998）。[2] 文章采取相邻的方式设定二进制邻接权重矩阵。②地理距离权重。由于空间影响不仅仅在相邻区域间，一定距离范围内的区域之间也会有较强的相互作用，因此，Elhorst（2014b）等用两个城市直线距离的倒数构建了空间地理距离权重矩阵。[3] ③地理—经济嵌套权重。即将地理因素和经济因素结合在一起得到经济距离的空间权重矩阵。[4] ④交通网络权重。本书在实际交通网络基础上借鉴"流空间"理论，计算交通可达性时间，用平均旅行时间的平均值构建了交通网络权重矩阵。具体公式及说明见表5-2。

表5-2 构建的四个权重矩阵

权重矩阵	含义	表达式	说明
邻接权重	县之间是否相邻	$W_1 = \begin{cases} 0 \\ 1 \end{cases}$	0 表示不相邻，1 表示相邻
距离权重	县域之间的距离	$W_2 = \dfrac{1}{d_{ij}}$	表示县之间的投影距离
嵌套权重	县域之间的距离和经济的势差	$W_3 = \dfrac{1}{d_{ij}} \times (\overline{Y_i} - \overline{Y_j})$	实际距离倒数与经济的乘积
交通网络权重	县域之间的交通网络	$W_4 = 1/\sum\limits_{j=1}^{n} T_{ij}$	交通可达性时间距离矩阵表示县域间相互作用的程度

资料来源：笔者在傅鹏等（2018）的基础上加了交通网络权重。

① LeSage P. , Pace R. Introduction to Spatial Econometrics ［M］. Florida：CRC Press, Taylor & Francis Group, 2009.

② Krugman P. What's New about the New Economic Geography? ［J］. Oxford Reviewof Economic Policy, 1998, 14（2）：7 - 17.

③ Elhorst J. Spatial Econometrics：From Crosssectional Data to Spatial Panels ［M］. Berlin, New York, Dordrecht, London：Springer, 2014b.

④ Parent O. , LeSage P. A Spatial Dynamic Panel Model with Random Effects Applied to Commuting Times ［J］. Transportation Research Part B Methodological, 2010, 44（5）：633 - 645.

5.1.3 数据来源及描述性统计

本章选取西南地区包括四川省、重庆市、贵州省、云南省 436 个县域 2007～2016 年的面板数据，分析城镇化和交通网络对经济增长的影响。结合本章关注的主要问题和经济变量的内在逻辑关系，选择如下解释变量作为影响城市群经济效率的主要因素：

（1）经济增长的指标主要选取人均生产总值来反映西南地区的县域经济增长。具体来说，就是以本地区的国民生产总值指数计算 GDP 平减指数，再根据此指数来计算实际人均 GDP。数据来源于各省 2008～2017 年的统计年鉴。

（2）劳动力投入使用各县的年末从业人员数作为劳动投入数据，数据来源于各省 2008～2017 年的统计年鉴。

（3）资本投入的数据用各县固定资产投资代替。投资作为拉动经济增长的重要因素，对各县的人均 GDP 水平也有重要作用，本章采用各县级固定资产投资的对数作为资本投入数据。数据来源于各省 2008～2017 年的统计年鉴。

（4）城镇化水平数据使用各县的非农业人口数量与该县域的人口总数比重数据，西南地区正处于城镇化发展的关键时期。数据来源于各省 2008～2017 年的统计年鉴。

（5）交通网络。本章基于 2007 年、2010 年、2012 年、2015 年及 2016 年的交通路网数据，主要选择陆路交通网络作为分析对象，重点提取了区域高速公路、国道、省道和县道四个等级公路和铁路。其中，道路速度的设置值参照《公路工程技术标准》（JTGB01 - 2003）的规定：铁路 120km/h、高速 100km/h、国道 80km/h、省道 60km/h、县道 40km/h。通过 ArcGIS10.3 计算县域尺度的可达性，以考虑道路长度和速度的平均旅行时间作为区域之间连接值，得到西南地区 436 个县城间交通网络矩阵（436×436），矩阵中的值也就是每个县到达另外县的平均旅行时间。数据来自 2007 年、2010 年、2012 年、2015 年及 2016 年《中国交通地图册》，通过 ArcGIS10.3 软件计算得到。

（6）产业结构数据用第二产业和第三产业产值比值来表示。考虑到第二产业和第三产业在提升区域经济竞争力和带动区域经济增长方面的突出作用，本章借鉴已有文献的做法，用第二产业和第三产业产值之比作为产业结构指标来反映产业结构的优化程度。数据来源于各省 2008～2017 年的统计年鉴。

（7）政府作用选用县级政府一般预算财政支出数据，由于政府所提供的公共产品和服务在很大程度上依靠财政支出实现，因此本章采用城市群地方政府财政支出占 GDP 的比重来衡量政府提供的公共产品和服务的数量。数据来源于各省 2008~2017 年的统计年鉴。

综上，本章的实证研究包括了西南地区 436 个县 10 年的面板数据，共 4360 组样本量。数据的描述性统计特征见表 5-3，我们可以看到变量的样本均值、最大值、最小值、标准差。通过对 10 年数据的平稳性进行检验发现，变量数据均为平稳序列。

表 5-3　变量的一般性描述

变量名称	定义	样本数	均值	标准差	最小值	最大值
人均生产总值（rgdp）	人均生产总值（万元）	4360	2.3	1.8	0.22	16
城镇化水平（U）	城镇化率（%）	4360	0.2625	0.2049	0.0154	1.0126
交通网络（k）	城市之间的交通可达性	4360	1.0468	0.2028	0.4591	1.3721
资本投入（lnG）	固定资产投资（百万元）	4360	41.316	0.214	0.214	1248
劳动力投入（lnE）	就业人员数（万人）	4360	13.723	18.047	0.2493	98.9
产业结构（lnI）	第二产业和第三产业产值比（%）	4360	39.409	2600	0.0937	0.9711
政府作用（lnZ）	县级政府一般预算财政支出（百万元）	4360	18.135	1.3628	1.3628	578.8

资料来源：笔者根据 2008~2017 年《四川统计年鉴》《贵州统计年鉴》《云南统计年鉴》《重庆统计年鉴》计算整理。

5.2　实证分析

本章数据的处理和实证分析主要使用 Stata15.0 软件，回归分析中主要采用最大似然估计。本章接下来先检验变量间是否有空间相关性，在检验结果的基础上，具体分析西南地区交通网络、城镇化对县域经济增长的空间溢出效应。

5.2.1　空间相关性检验

对于是否需要在经典模型中加入空间因素来解释西南地区的县域经济增长，

本章首先检验了变量之间是否存在空间相关性，也就是对空间关系的检验。莫兰指数是度量空间相关性的常用指标，分为全局莫兰指数（Moran's I_i）和局部莫兰指数。本章主要采用全局莫兰指数进行检验，表达式如下：

$$\text{Moran's } I_i = \frac{n \sum\limits_{i=1}^{n} \sum\limits_{j=1}^{n} w_{ij} (Y_i - \bar{Y})(Y_j - \bar{Y})}{\sum\limits_{i=1}^{n} (Y_i - \bar{Y}) \sum\limits_{i=1}^{n} \sum\limits_{j=1}^{n} w_{ij}} \qquad (5-3)$$

其中，w_{ij} 为权重值，$\bar{Y} = \frac{1}{n} \sum\limits_{i=1}^{n} Y_i$，Moran's I_i 归一化后的值在 $-1 \sim 1$，Moran's I_i 为正，表示样本对象具有正相关性，值越大，空间相关性越强；Moran's I_i 为负，表示样本对象具有负相关性，值越小，空间差异越大；Moran's I_i 为零，则表示样本对象在空间分布呈随机性。[1]

全局 Moran's I_i 检验结果见表 5 - 4。四个不同的空间权重下，被解释变量人均 GDP、主要解释变量交通网络和城镇化率的莫兰指数在 2007 ~ 2016 年均为正，且在 95% 置信水平上通过检验，说明西南地区的经济增长、城镇化发展及交通网络存在显著的空间依赖性。其中，在距离权重、嵌套权重和交通网络权重下的 Moran's I_i 都要高于邻接权重，也就是说，区域之间的集聚不仅仅局限于相邻地区之间，交通网络能反映县域之间的关系。基于交通基础设施的联系，对空间相互作用的解释比邻接权重更有力度。从表 5 - 4 中还可以看到，它们之间的集聚程度不同，不同年份之间也存在差异。

表 5 -4　四个权重下的莫兰指数值

年份		2007	2008	2009	2010	2011	2012	2013	2014	2015	2016
邻接权重	人均 GDP	0.164	0.074	0.114	0.122	0.136	0.114	0.093	0.085	0.085	0.083
	城镇化	0.073	0.077	0.084	0.100	0.114	0.118	0.132	0.136	0.275	0.292
	交通网络	0.544	0.534	0.524	0.513	0.516	0.517	0.528	0.537	0.545	0.518
距离权重	人均 GDP	0.230	0.181	0.210	0.211	0.206	0.196	0.188	0.181	0.179	0.179
	城镇化	0.266	0.268	0.270	0.279	0.280	0.282	0.284	0.286	0.324	0.331
	交通网络	0.285	0.279	0.273	0.266	0.266	0.266	0.270	0.273	0.275	0.267

---

① 叶阿忠等．空间计量经济学 ［M］．厦门：厦门大学出版社，2015.

续表

年份		2007	2008	2009	2010	2011	2012	2013	2014	2015	2016
嵌套权重	人均GDP	0.572	0.524	0.590	0.602	0.567	0.564	0.549	0.534	0.521	0.520
	城镇化	0.917	0.918	0.919	0.936	0.931	0.927	0.911	0.911	0.856	0.862
	交通网络	0.380	0.372	0.364	0.354	0.353	0.351	0.354	0.356	0.358	0.354
交通网络权重	人均GDP	0.242	0.195	0.225	0.230	0.224	0.213	0.204	0.197	0.194	0.194
	城镇化	0.261	0.264	0.267	0.277	0.282	0.283	0.284	0.286	0.329	0.340
	交通网络	0.276	0.270	0.264	0.257	0.258	0.259	0.262	0.264	0.266	0.260

注：所有统计检测 z 值在 1% 置信水平上显著。

5.2.2　回归结果

通过空间相关性检验我们发现，西南地区各县域的交通网络、城镇化及经济增长存在显著的空间相关性，进一步我们利用空间杜宾模型分析它们之间的空间溢出效应。我们首先对面板进行 OLS 混合回归、固定效应模型回归和随机效应模型回归，得到结果见表 5 - 5。

表 5 - 5　回归结果

主要变量	OLS	交互项	固定效应	随机效应
lnK	− 0.231 ***	− 0.200 ***	− 0.689 ***	− 0.349 ***
	(− 6.95)	(− 5.36)	(− 3.11)	(− 4.95)
U	1.565 ***	1.599 ***	1.116 ***	1.222 ***
	(16.10)	(16.15)	(7.05)	(9.45)
cc_ 2	− 0.297 ***	− 0.391 ***	− 0.084	− 0.189
	(− 3.00)	(− 3.49)	(− 0.39)	(− 1.23)
lnE	− 0.042 ***	− 0.042 ***	0.062 ***	− 0.000
	(− 8.12)	(− 8.16)	(4.42)	(− 0.02)
lnG	0.282 ***	0.282 ***	0.340 ***	0.339 ***
	(41.77)	(41.80)	(72.93)	(72.69)

续表

主要变量	OLS	交互项	固定效应	随机效应
lnZ	0.082 ***	0.081 ***	0.159 ***	0.150 ***
	(8.42)	(8.38)	(20.81)	(20.11)
lnI	0.197 ***	0.196 ***	0.085 ***	0.111 ***
	(30.43)	(30.26)	(10.57)	(14.85)
交互项		0.017 *		
		(1.80)		
_ cons	4.554 ***	− 0.006	2.959 ***	3.123 ***
	(48.80)	(− 0.92)	(39.46)	(41.61)
R^2	0.728	0.728	0.792	
F	1662.820	1456.114	2126.964	
AIC	3872.853	3871.623	− 1.4e + 03	
BIC	3923.894	3929.045	− 1.4e + 03	
N	4360	4360	4360	4360

注：括号内为 t 值；* 、** 、*** 分别表示在 10% 、5% 和 1% 显著性水平下显著。

从回归结果来看：第一，交通网络对县域经济的影响系数为 − 0.231，表明交通网络的增加并不能带动其经济的增长。可能的原因有两个：一是西南地区的交通基础设施在近年来大力建设，对经济的影响存在滞后效应；二是交通网络的发展导致县域资源要素的外流，从而不利于县域经济增长。第二，城镇化对县域经济增长的弹性系数为正，城镇化水平提高 1%，经济增长 1.565%；城镇化平方项系数为负，城镇化平方项增加 1%，经济减少 − 0.297%，验证了城镇化对经济增长的作用呈倒 "U" 型关系。第三，产业结构、资金投入、政府干预对西南地区经济增长的弹性系数分别是 0.197、0.282、0.082，表明产业结构、资金投入、政府干预对西南地区经济增长有促进作用。第四，劳动力投入的弹性系数为 − 0.042，因此劳动力投入对西南地区经济增长有负向影响，这可能与西南地区劳动力水平和产业结构密切相关。西南地区劳动力综合水平较低，劳动力数量的增加并不一定能带动经济增长，产业结构不合理，能容纳的就业人员有限，实现不了更多的人就业，当就业人数增加时，反而降低了生产效率。柯善咨（2010）

等对中国中西部的分析也证明,劳动力投入增加对县级市经济增长有抑制作用。①

OLS 模型调整后可决系数为 0.729,变量间共线性较低,VIF 检验的平均值为 4.93,本章变量设置较为合理。笔者通过网络和城镇化的交互项回归发现,加入交通网络和城镇化交互项后,城镇化的系数增加到 1.599,交通网络系数为 -0.200,交互项系数为 0.017,在 10% 水平上显著,调整后可决系数不变,交通网络和城镇化对经济增长的影响存在交互作用,也可以说,城镇化对经济增长的作用受到交通网络的影响。

由于涉及 4 个省(市)的 436 个县域,回归结果的豪斯曼检验结果 P 值为 0.000,拒绝原假设。本章选择固定效应模型做实证检验更合适,但发现随机效应模型的回归结果也是很显著的,我们在文中保留随机效应结果进行对比分析。通过莫兰检验可知变量间存在空间相关性,因此 OLS 估计结果是有偏的。我们针对空间误差和空间滞后分别进行 LM 检验和 Wold 检验,LM 检验和 Wold 检验均在 1% 水平上拒绝 $\theta = 0$,$\theta = -\beta\rho$ 原假设,因此空间误差模型和空间滞后模型都不适合本章。通过检验后,我们选定空间杜宾模型(SDM)进行回归分析。

表 5-6　SDM 模型检验结果

变量	邻接权重		距离权重		嵌套权重		交通网络权重	
	固定效应	随机效应	固定效应	随机效应	固定效应	随机效应	固定效应	随机效应
lnK	0.194	0.836 ***	0.644 ***	0.680 ***	0.845 ***	0.585 ***	0.841 ***	0.669 ***
	(1.26)	(6.61)	(3.72)	(5.51)	(5.07)	(6.04)	(4.88)	(5.45)
U	0.254 **	0.376 ***	0.077	0.288 ***	-0.060	0.127	0.097	0.272 **
	(2.53)	(3.63)	(0.71)	(2.61)	(-0.53)	(1.13)	(0.89)	(2.48)
cc_ 2	-0.522 ***	-0.120	-0.296 **	-0.152	-0.303 **	-0.167	-0.308 **	-0.114
	(-4.31)	(-1.00)	(-2.17)	(-1.13)	(-2.18)	(-1.24)	(-2.31)	(-0.87)
lnE	0.003	0.012	0.002	0.012	0.004	0.015 *	0.003	0.012
	(0.33)	(1.47)	(0.29)	(1.48)	(0.45)	(1.87)	(0.31)	(1.48)
lnG	0.055 ***	0.074 ***	0.066 ***	0.085 ***	0.069 ***	0.090 ***	0.065 ***	0.083 ***
	(10.41)	(13.05)	(11.63)	(14.73)	(11.82)	(15.26)	(11.31)	(14.41)
lnZ	-0.001	0.001	-0.015 **	0.005	-0.009	0.007	-0.008	0.013 *
	(-0.17)	(0.12)	(-2.14)	(0.67)	(-1.24)	(1.05)	(-1.06)	(1.94)

---

① 柯善咨. 中国中西部发展中城市的增长极作用 [J]. 地理研究, 2010, 29 (3): 521-534.

续表

变量	邻接权重		距离权重		嵌套权重		交通网络权重	
	固定效应	随机效应	固定效应	随机效应	固定效应	随机效应	固定效应	随机效应
lnI	0.127*** (26.61)	0.127*** (25.50)	0.130*** (25.69)	0.129*** (24.62)	0.126*** (23.86)	0.124*** (22.92)	0.130*** (25.31)	0.129*** (24.22)
_cons		0.206** (2.25)		-0.059 (-0.54)		-0.424*** (-2.76)		0.066 (0.53)
lnK	-1.219*** (-3.35)	-1.488*** (-6.00)	-4.323*** (-4.87)	-2.107*** (-3.76)	-6.779*** (-6.63)	-2.074*** (-3.62)	-6.248*** (-6.20)	-2.530*** (-3.84)
U	-2.677*** (-5.10)	-2.258*** (-4.62)	-1.387* (-1.84)	-3.423*** (-5.90)	-1.137 (-1.58)	-3.425*** (-6.22)	-1.989** (-2.31)	-4.201*** (-6.26)
cc_2	3.889*** (5.18)	2.715*** (3.76)	0.992 (0.99)	3.875*** (4.64)	1.227 (1.48)	3.869*** (5.94)	1.576 (1.40)	4.884*** (5.13)
lnE	0.316*** (3.64)	0.076*** (2.85)	0.047 (0.40)	0.200*** (4.52)	0.063 (1.11)	0.168*** (4.63)	0.033 (0.25)	0.220*** (4.56)
lnG	-0.031* (-1.87)	-0.054*** (-6.01)	-0.009 (-0.29)	-0.101*** (-9.08)	0.113*** (3.85)	-0.090*** (-4.90)	0.000 (0.00)	-0.094*** (-7.84)
lnZ	0.025* (1.87)	0.024** (2.16)	0.255*** (9.37)	0.069*** (4.06)	0.411*** (10.44)	0.101*** (3.93)	0.273*** (8.74)	0.056*** (3.08)
lnI	-0.107*** (-3.80)	-0.166*** (-11.47)	-0.345*** (-7.32)	-0.265*** (-12.69)	-0.234*** (-4.74)	-0.213*** (-9.03)	-0.349*** (-7.09)	-0.266*** (-12.26)
ρ	0.930*** (51.98)	0.936*** (65.05)	0.968*** (96.47)	0.965*** (92.86)	0.747*** (13.50)	0.906*** (40.21)	0.962*** (79.94)	0.959*** (78.66)
σ^2	0.014*** (46.52)	0.016*** (43.09)	0.015*** (46.56)	0.018*** (43.44)	0.017*** (46.52)	0.019*** (43.62)	0.016*** (46.55)	0.018*** (43.37)
θ		-2.170*** (-44.28)		-2.017*** (-42.75)		-1.998*** (-43.48)		-2.011*** (-42.03)
R^2	0.291	0.633	0.313	0.484	0.379	0.586	0.302	0.520
AIC	-6.0e+03	-3.4e+03	-5.7e+03	-3.2e+03	-5.3e+03	-2.9e+03	-5.6e+03	-3.1e+03
BIC	-5.8e+03	-3.2e+03	-5.5e+03	-3.0e+03	-5.1e+03	-2.7e+03	-5.4e+03	-2.9e+03
N	4360	4360	4360	4360	4360	4360	4360	4360

注：括号内为 t 值；*、**、***分别表示在10%、5%和1%显著性水平下显著。

回归结果见表5-6，在四个不同的权重下，空间滞后变量系数 ρ、空间结构

的方差 σ^2、空间滞后项的弹性系数 θ 都显著。交通网络对本地经济增长的影响的弹性系数为正，对其他地区经济增长的影响的弹性系数为负。城镇化对经济增长的直接影响的弹性系数为正，城镇化平方项系数为负，仍然为倒"U"型关系。就本章的分析结果来看，邻接权重、距离权重、嵌套权重、交通网络权重四个不同的权重矩阵下，西南地区交通网络、城镇化对经济增长存在显著的空间溢出效应。

由于模型的系数并不能完全反映交通网络、城镇化对经济增长的因果关系，需要依据空间直接效应、间接效应及总效应来判断解释变量对被解释变量的影响。[1] 因此，本章通过对空间杜宾模型的固定效应回归结果进行偏微分分解，得到直接效应、间接效应及总效应（见表5-7）。接下来我们分别分析交通网络、城镇化及其他控制变量对县域经济增长的空间溢出效应。

表5-7 不同权重下的空间溢出效应分解

效应分解		邻接权重		距离权重		嵌套权重		交通网络权重	
		固定效应	随机效应	固定效应	随机效应	固定效应	随机效应	固定效应	随机效应
直接效应	lnK	0.143	0.802 ***	0.335	0.574 ***	0.760 ***	0.538 ***	0.458 *	0.551 ***
		(0.92)	(6.31)	(1.40)	(4.98)	(4.55)	(5.77)	(1.71)	(4.77)
	U	0.122	0.266 **	-0.034	0.039	-0.081	0.010	-0.038	0.006
		(1.19)	(2.53)	(-0.27)	(0.26)	(-0.76)	(0.09)	(-0.29)	(0.04)
	cc_2	-0.333 ***	0.035	-0.231 *	0.148	-0.276 **	-0.029	-0.211	0.213
		(-2.61)	(0.28)	(-1.67)	(0.82)	(-2.09)	(-0.22)	(-1.47)	(1.16)
	lnE	0.019 *	0.016 **	0.006	0.028 ***	0.005	0.021 ***	0.005	0.027 ***
		(1.95)	(2.12)	(0.47)	(2.82)	(0.55)	(2.62)	(0.38)	(2.81)
	lnG	0.056 ***	0.075 ***	0.071 ***	0.083 ***	0.071 ***	0.090 ***	0.069 ***	0.082 ***
		(10.95)	(13.67)	(11.30)	(15.07)	(12.83)	(16.19)	(11.39)	(14.88)
	lnZ	0.000	0.003	0.005	0.011	-0.003	0.011 *	0.012	0.018 ***
		(0.07)	(0.38)	(0.41)	(1.57)	(-0.37)	(1.72)	(1.01)	(2.74)
	lnI	0.128 ***	0.124 ***	0.111 ***	0.118 ***	0.124 ***	0.120 ***	0.114 ***	0.120 ***
		(24.08)	(23.26)	(9.55)	(15.35)	(22.61)	(20.78)	(11.31)	(16.44)

---

① LeSage P. , Pace R. Introduction to Spatial Econometrics ［M］. Florida：CRCPress，Taylor & Francis-Group，2009.

续表

效应分解		邻接权重		距离权重		嵌套权重		交通网络权重	
		固定效应	随机效应	固定效应	随机效应	固定效应	随机效应	固定效应	随机效应
间接效应	lnK	-16.07**	-11.24***	-130.733	-45.47**	-25.29***	-16.730**	-159.540	-49.883**
		(-2.33)	(-3.20)	(-1.56)	(-2.03)	(-3.71)	(-2.56)	(-1.63)	(-2.11)
	U	-36.54***	-30.99***	-44.034	-101.15**	-4.634	-37.172***	-53.546	-106.74**
		(-2.64)	(-2.97)	(-1.14)	(-2.10)	(-1.45)	(-2.90)	(-1.31)	(-2.17)
	cc_2	51.048***	42.074***	22.058	119.033**	3.856	41.558***	35.071	128.596**
		(2.61)	(2.91)	(0.57)	(2.06)	(1.08)	(2.99)	(0.89)	(2.15)
	lnE	4.778**	1.421***	1.617	6.797**	0.264	2.032***	0.925	6.246**
		(2.41)	(2.79)	(0.38)	(2.29)	(1.13)	(3.34)	(0.24)	(2.33)
	lnG	0.332	0.231***	2.016	-0.667	0.681***	-0.120	1.882	-0.429
		(1.14)	(2.99)	(1.21)	(-1.42)	(3.42)	(-0.59)	(1.26)	(-1.09)
	lnZ	0.352*	0.412**	8.357*	2.402**	1.643***	1.217***	7.686*	1.880**
		(1.91)	(2.49)	(1.68)	(2.09)	(3.92)	(2.62)	(1.73)	(1.96)
	lnI	0.217	-0.806**	-7.581	-4.612**	-0.564**	-1.157***	-6.421	-3.927**
		(0.46)	(-2.52)	(-1.62)	(-2.15)	(-2.31)	(-2.58)	(-1.64)	(-2.15)
总效应	lnK	-15.926**	-10.44***	-130.398	-44.896**	-24.54***	-16.192**	-159.082	-49.331**
		(-2.31)	(-2.99)	(-1.55)	(-2.01)	(-3.61)	(-2.49)	(-1.62)	(-2.09)
	U	-36.42***	-30.73***	-44.067	-101.12**	-4.715	-37.162***	-53.584	-106.74**
		(-2.62)	(-2.94)	(-1.14)	(-2.09)	(-1.48)	(-2.90)	(-1.30)	(-2.17)
	cc_2	50.715***	42.110***	21.827	119.181**	3.579	41.529***	34.860	128.809**
		(2.59)	(2.90)	(0.57)	(2.05)	(1.01)	(2.98)	(0.88)	(2.15)
	lnE	4.797**	1.437***	1.623	6.825**	0.268	2.053***	0.929	6.274**
		(2.41)	(2.81)	(0.38)	(2.29)	(1.14)	(3.37)	(0.24)	(2.34)
	lnG	0.389	0.306***	2.088	-0.584	0.752***	-0.030	1.951	-0.347
		(1.33)	(3.95)	(1.25)	(-1.24)	(3.78)	(-0.15)	(1.30)	(-0.88)
	lnZ	0.353*	0.414**	8.362*	2.413**	1.641***	1.228***	7.698*	1.898**
		(1.91)	(2.52)	(1.68)	(2.10)	(3.92)	(2.65)	(1.73)	(1.98)
	lnI	0.345	-0.681**	-7.469	-4.494**	-0.440*	-1.036**	-6.306	-3.808**
		(0.74)	(-2.12)	(-1.59)	(-2.09)	(-1.80)	(-2.30)	(-1.61)	(-2.08)

注：括号内为 t 值；*、**、***分别表示在10%、5%和1%显著性水平下显著。

首先，分析交通网络对县域经济增长的空间溢出效应。在邻接权重、距离权重、嵌套权重及交通网络权重下，交通网络对县域经济增长的直接效应为正，弹性系数分别为 0.143、0.335、0.760、0.458；交通网络对县域经济增长的间接效应为负，弹性系数分别为 - 16.07、- 130.733、- 25.29、- 159.540；交通网络对县域经济增长的总效应为负，弹性系数分别为 - 15.926、- 130.398、- 24.54、- 159.082。也就是说，西南地区交通网络对本地县域经济增长具有促进作用，对周围县域经济增长具有抑制作用，总的效应为负，和 OLS 模型估计结果一致。在不同权重下贡献度不同，交通网络权重下交通网络对经济的作用更大。在很多发达地区，区域之间的交通网络很发达，交通网络的影响会更大，而在西南地区，由于地形、发展历史等影响，不在主要交通干线上的区域与外界关系较弱，2007~2016 年虽然这些地区交通网络水平都得到提高，但经济发展还是受限于距离和地理位置。因此我们认为，西南地区交通网络权重下，交通网络对经济增长的影响大于距离权重和邻接权重，交通网络效应使每一个县到其他县的联系都增加，但西南地区的交通网络的网络效应并没有充分发挥。

其次，分析城镇化对县域经济增长的空间溢出效应。在四个不同的权重下，城镇化对经济增长的直接效应分别为 0.122、- 0.034、- 0.081、- 0.038，随机效应模型下的弹性系数为正；城镇化对县域经济增长的间接效应为负，分别为 - 36.54、- 44.034、- 4.634、- 53.546；总效应为负，分别为 - 36.4、- 44.067、- 4.715、- 53.584。也就是说，本地的城镇化在邻接权重下对经济增长的直接效应为正，本地的城镇化对其他地区的经济增长效应为负。城镇化平方项的直接效应为负，间接效应为正，总效应为正。城镇化对县域经济增长的空间溢出效应显著。

最后，分析其他空间变量对县域经济增长的空间溢出效应。劳动力投入、资本投入、产业结构、政府干预及固定资产投资对本地的县域经济增长均有促进作用，对周围县域的经济增长为抑制作用，总效应为正。

综上可知，西南地区交通网络、城镇化对县域经济增长存在显著的空间溢出效应，地区之间的发展相互影响。交通网络对县域经济增长的总效应为负；城镇化与经济增长之间存在倒"U"型关系；劳动力投入、产业结构、资金投入、政府干预对西南地区经济增长有促进作用，且交通网络和城镇化对经济增长的影响存在交互作用。2007~2016 年，交通网络权重下，城镇化、交通网络及其他控制变量对经济增长的影响大于距离权重和邻接权重，交通网络效应使每一个县到其他县的联系都增加，但西南地区由于地形、发展历史等影响，经济发展和县域关系还是受到距离和地理位置的限制,交通网络的网络效应并没有充分发挥。

5.2.3 稳健性检验

为了进一步检验结果的稳健性,本章接下来通过替换核心变量和样本分组对模型进行稳健性检验。替换的核心变量包括两个:第一,用人均纯收入替换人均GDP作为被解释变量;第二,用人口密度(pm)替代城镇化率(U)作为主要解释变量。样本分组也包括两个,分别是对观察区间分组和对不同省份分组。

5.2.3.1 用替代变量进行稳健性检验

由于人均纯收入和人均GDP的变化趋势比较一致,人均GDP高的地区,人均纯收入较高,人均GDP低的地区,人均纯收入也低,因此,本章用人均纯收入(lnr)替代人均GDP(lnrgdp)作为被解释变量,检验结果的稳健性。替代变量后SDM回归结果见表5-8。其中,交通网络对经济增长的直接效应为0.437,间接效应为-1.420,总效应为-0.983。城镇化对县域经济增长的直接效应为-0.509,间接效应为-4.472,总效应为-4.981,城镇化平方的直接效应、间接效应、总效应均为正。人均纯收入(lnr)替代人均GDP(lnrgdp)作为被解释变量的回归结果与交通网络权重下的原模型的结果一致。

表5-8 替代变量进行的稳健性检验结果 (lnr 替代 lnrgdp)

变量	直接效应		间接效应		总效应	
	固定	随机	固定	随机	固定	随机
lnK	0.437 ***	0.743 ***	-1.420	-1.037	-0.983	-0.294
	(4.14)	(8.68)	(-1.50)	(-1.47)	(-1.06)	(-0.40)
U	-0.509 ***	-0.349 ***	-4.472 **	2.827	-4.981 ***	2.478
	(-7.84)	(-3.92)	(-2.58)	(1.30)	(-2.87)	(1.11)
cc_ 2	0.388 ***	0.595 ***	4.899 **	-0.546	5.287 **	0.049
	(4.94)	(5.75)	(2.00)	(-0.17)	(2.15)	(0.01)
lnE	0.021 ***	0.025 ***	1.295 ***	-0.114	1.316 ***	-0.089
	(3.91)	(4.34)	(4.08)	(-1.05)	(4.13)	(-0.81)
lnG	0.043 ***	0.063 ***	-0.078	0.290 ***	-0.035	0.353 ***
	(12.39)	(14.43)	(-1.47)	(13.97)	(-0.66)	(16.95)

续表

变量	直接效应		间接效应		总效应	
	固定	随机	固定	随机	固定	随机
lnZ	- 0.035 ***	- 0.028 ***	- 0.075 **	0.078 **	- 0.110 ***	0.050
	(- 7.69)	(- 5.70)	(- 2.09)	(2.17)	(- 3.05)	(1.34)
lnI	0.048 ***	0.047 ***	- 0.084	0.137 **	- 0.036	0.184 ***
	(14.10)	(12.03)	(- 0.94)	(2.08)	(- 0.40)	(2.74)

注：括号内为 t 值；*、**、*** 分别表示在 10%、5% 和 1% 显著性水平下显著。

城镇化率与人口密度有正相关关系，人口密度高的地区，城镇化率较高或者城镇化进程较快；人口密度低的地区，城镇化率低或者城镇化进程较慢。因此，本章选用人口密度（pm）替代城镇化率（U）作为主要解释变量进行稳健性检验，回归结果见表 5 - 9。交通网络的直接效应为 0.088，间接效应为 - 15.465，总效应为 - 15.377。人口密度的直接效应为 - 0.252，间接效应为 - 17.609，总效应为 - 17.861。因此，人口密度（pm）替代城镇化率（U）作为主要解释变量的回归结果与交通网络权重下的原模型的结果一致。

表 5 - 9　替代变量的稳健性检验结果（人口密度替代城镇化率）

变量	直接效应		间接效应		总效应	
	固定	随机	固定	随机	固定	随机
lnK	0.088	0.854 ***	- 15.465 *	- 10.531 ***	- 15.377 *	- 9.677 ***
	(0.56)	(6.58)	(- 1.93)	(- 3.01)	(- 1.92)	(- 2.79)
pm	- 0.252 ***	0.021	- 17.609	- 19.493 **	- 17.861	- 19.472 **
	(- 3.48)	(0.31)	(- 1.52)	(- 2.07)	(- 1.54)	(- 2.06)
lnE	0.019 *	0.017 **	4.993 **	1.840 ***	5.012 **	1.857 ***
	(1.85)	(2.24)	(2.26)	(3.03)	(2.26)	(3.06)
lnG	0.057 ***	0.073 ***	0.387	0.158 *	0.444	0.231 ***
	(11.19)	(13.58)	(1.24)	(1.82)	(1.42)	(2.68)
lnZ	0.001	0.003	0.561 **	0.409 ***	0.562 **	0.412 ***
	(0.14)	(0.50)	(2.20)	(3.25)	(2.20)	(3.30)
lnI	0.128 ***	0.126 ***	- 0.073	- 0.756 ***	0.054	- 0.630 **
	(23.92)	(25.22)	(- 0.13)	(- 2.90)	(0.10)	(- 2.41)

注：括号内为 t 值；*、**、*** 分别表示在 10%、5% 和 1% 显著性水平下显著。

5.2.3.2 对样本量分组的进一步检验

接下来,本章对数据进行分组回归,再次验证结果的稳健性。本章主要用到的方法是分区间回归和分省回归。由于本章的观察期间为2007~2016年,考虑2012年的精准扶贫政策对西南地区县域经济增长有较大影响,我们对2007~2012年和2013~2016年的观察区间分别进行回归得到表5-10。

表5-10 变量分组回归结果(观察区间分组)

效应分解	变量	2007~2012年		2013~2016年	
		邻接权重	交通网络权重	邻接权重	交通网络权重
直接效应	lnK	0.439	0.361	-0.089	-0.035
		(1.64)	(1.26)	(-0.52)	(-0.19)
	U	1.100***	0.741***	-0.179**	-0.277
		(4.73)	(3.00)	(-2.56)	(-1.43)
	cc_2	-1.418***	-0.992***	0.200**	0.347**
		(-4.76)	(-3.09)	(2.12)	(2.00)
	lnE	-0.040***	-0.036**	-0.016***	-0.018**
		(-2.72)	(-2.55)	(-2.90)	(-2.12)
	lnG	0.025***	0.033***	0.036***	0.025
		(3.88)	(5.00)	(5.48)	(0.77)
	lnZ	0.045***	0.029***	-0.031***	-0.017
		(4.56)	(2.95)	(-3.47)	(-0.44)
	lnI	0.080***	0.080***	0.109***	0.112***
		(12.24)	(12.08)	(15.37)	(10.46)
间接效应	lnK	5.006**	0.442	-0.833	-10.527
		(2.42)	(0.69)	(-0.62)	(-0.38)
	U	-1.387	-4.856***	-4.584***	-36.252
		(-0.18)	(-3.50)	(-3.24)	(-0.44)
	cc_2	2.828	5.701***	5.683***	31.521
		(0.22)	(3.49)	(2.74)	(0.47)
	lnE	-0.228	0.001	0.438	0.829
		(-0.30)	(0.01)	(1.56)	(0.31)
	lnG	-0.111	-0.009	-0.256**	-5.273
		(-1.03)	(-0.37)	(-2.36)	(-0.39)

续表

效应分解	变量	2007～2012 年		2013～2016 年	
		邻接权重	交通网络权重	邻接权重	交通网络权重
间接效应	lnZ	0.035	-0.014	1.161***	8.212
		(0.44)	(-0.71)	(3.72)	(0.50)
	lnI	0.232	0.111***	0.311**	-0.131
		(1.19)	(3.09)	(2.17)	(-0.04)
总效应	lnK	5.445**	0.803	-0.923	-10.562
		(2.56)	(1.00)	(-0.69)	(-0.38)
	U	-0.287	-4.114***	-4.764***	-36.529
		(-0.04)	(-2.79)	(-3.36)	(-0.44)
	cc_2	1.410	4.709***	5.883***	31.868
		(0.11)	(2.73)	(2.83)	(0.47)
	lnE	-0.268	-0.036	0.423	0.811
		(-0.35)	(-0.32)	(1.50)	(0.30)
	lnG	-0.085	0.024	-0.219**	-5.248
		(-0.79)	(0.94)	(-2.03)	(-0.39)
	lnZ	0.080	0.016	1.130***	8.195
		(1.02)	(0.76)	(3.59)	(0.50)
	lnI	0.312	0.191***	0.420***	-0.019
		(1.60)	(5.22)	(2.93)	(-0.01)

注：括号内为 t 值；*、**、*** 分别表示在 10%、5% 和 1% 显著性水平下显著。

通过表 5 – 10 我们可以看到，观察区间 2007～2012 年交通网络对县域经济增长的直接效应、间接效应和总效应分别为 0.439、5.006、5.445，城镇化对县域经济增长的直接效应、间接效应和总效应分别为 1.100、- 1.387 和 - 0.287，交通网络的溢出效应与原模型不一致，城镇化的溢出效应与原模型一致；观察区间 2013～2016 年交通网络对县域经济增长的直接效应、间接效应和总效应分别为 - 0.089、- 0.833 和 - 0.923，城镇化对县域经济增长的直接效应、间接效应和总效应分别为 - 0.179、- 4.584、- 4.764，交通网络和城镇化的溢出效应与原模型一致。

表 5 – 11   四个省（市）的空间溢出效应

效应分解	变量	重庆市	四川省	贵州省	云南省
直接效应	lnK	-0.155	0.498 ***	0.667	0.148
		(-0.47)	(2.59)	(1.62)	(0.45)
	U	0.174	0.232 ***	-5.357	-0.227
		(0.64)	(2.77)	(-1.43)	(-0.40)
	cc_2	-0.652 **	-0.067	-2.254	0.236
		(-2.11)	(-0.74)	(-1.26)	(0.31)
	lnE	0.108 ***	-0.073 ***	-0.019	0.029 ***
		(4.03)	(-4.74)	(-1.34)	(2.62)
	lnG	0.011	-0.001	0.155 ***	0.064 ***
		(0.35)	(-0.16)	(9.40)	(8.56)
	lnZ	0.017	0.023 ***	-0.184 ***	-0.010
		(0.38)	(3.03)	(-6.27)	(-0.98)
	lnI	0.165 ***	0.116 ***	0.208 ***	0.124 ***
		(9.49)	(20.82)	(12.76)	(17.94)
间接效应	lnK	2.441 **	-0.832	-4.396 ***	-0.925
		(2.42)	(-0.51)	(-3.55)	(-1.32)
	U	2.499 **	1.958	90.015 **	-5.593 *
		(2.31)	(1.15)	(2.08)	(-1.75)
	cc_2	-3.090 ***	0.569	-55.825 **	1.080
		(-3.40)	(0.36)	(-2.43)	(0.28)
	lnE	0.438	-0.333	-0.163	-0.048
		(1.61)	(-0.63)	(-1.41)	(-0.75)
	lnG	-0.451 *	-0.391 ***	0.006	0.138 ***
		(-1.66)	(-3.30)	(0.04)	(3.16)
	lnZ	0.216	0.236 **	-0.106	-0.095 ***
		(1.49)	(2.17)	(-0.39)	(-3.14)
	lnI	-0.418 **	-0.072	-0.491 ***	0.137 ***
		(-2.39)	(-0.78)	(-3.11)	(2.87)
总效应	lnK	2.285 **	-0.334	-3.729 ***	-0.777
		(2.41)	(-0.21)	(-3.36)	(-1.41)

续表

效应分解	变量	重庆市	四川省	贵州省	云南省
总效应	U	2.673**	2.190	84.658*	-5.820*
		(2.55)	(1.27)	(1.96)	(-1.82)
	cc_2	-3.742***	0.502	-58.079**	1.316
		(-4.44)	(0.31)	(-2.53)	(0.34)
	lnE	0.546*	-0.406	-0.181	-0.019
		(1.95)	(-0.77)	(-1.59)	(-0.30)
	lnG	-0.440	-0.392***	0.161	0.201***
		(-1.60)	(-3.32)	(1.01)	(4.69)
	lnZ	0.234*	0.259**	-0.290	-0.105***
		(1.70)	(2.37)	(-1.05)	(-3.55)
	lnI	-0.252	0.045	-0.282*	0.261***
		(-1.43)	(0.48)	(-1.78)	(5.30)
样本量		380	1810	880	1290

注：括号内为t值；*、**、***分别表示在10%、5%和1%显著性水平下显著。

考虑到各省的发展情况存在差异，因此本章再对结果进行分省样本回归。通过分组回归结果不难发现，空间溢出效应依然显著（见表5-11）。其中，四川省、贵州省、云南省的交通网络直接效应分别是0.498、0.667、0.148，间接效应分别为 -0.832、-4.396、-0.925，总效应分别为 -0.334、-3.729、-0.777，与原模型结果同向；城镇化对经济增长的直接效应分别为0.232、-5.357、-0.227，间接效应分别为1.958、90.015、-5.593，总效应分别为2.190、84.658、-5.820。贵州省的结果与交通网络权重下的原模型一致。因此本章认为，交通网络、城镇化对西南地区的经济增长存在显著的空间溢出效应，在样本时间内（2007~2016年），西南地区的交通网络对当地经济增长有促进作用，对其他县域经济增长存在抑制作用，总效应为负，各省之间变量系数存在一定差异。

综上可知，通过替代主要变量和样本的分组回归分析，本章的结果是比较稳健的。西南地区交通网络对县域经济增长的直接效应为正，间接效应为负，总效应为负；城镇化对县域经济增长的直接效应为负，间接效应为负，总效应为负。

5.3 空间溢出效应与贫困集聚

克鲁格曼等的研究表明，经济活动的空间集聚能促进经济增长，但同时这种增长也会扩大区域差距，造成空间集聚及不平等现象，如缪尔达尔、赫希曼、弗里德曼等提出的"回波—扩散""极化—涓滴""核心—边缘"等理论都认为大城市对周边小城市的影响会随着经济发展阶段的演进从初期的集聚逐渐转化为后期的溢出效应。通过实证分析，本章认为西南地区县域经济增长也存在空间集聚现象，集聚和增长使县域之间差距拉大，形成不均衡格局，连片特困区的形成也与空间溢出效应有关。

首先，大城市的发展可能对周边中小城市尤其是县城带来负面溢出效应。在邻接权重下，城镇化的间接效应为 −5.638，在5%水平下显著，交通网络的间接效应为 1.080，在 10% 水平下显著，交通网络权重下城镇化的间接效应为 −38.19，在 1% 水平下显著。这也就是说，城镇化和交通网络在西南地区有明显的空间溢出效应，这种溢出效应使区域之间相互影响。克鲁格曼（1999）指出，由于要素运输成本降低，区域在向心力和离心力的共同作用下，更容易形成"中心—外围"结构，产业向一个地区集中，而导致边缘地区的离心力更大，不容易集聚。从回归结果来看，西南地区城镇化对经济发展的空间依赖负效应大于正效应。西南地区在行政区划和自然地理条件约束下，形成的正是典型的"中心—外围"空间结构，大城市旁边分布的多是小县城，交通网络性能的提高使交通成本降低，大城市的集聚能力更高，从而吸引了小县城劳动力、要素、资源在市场经济追逐利益最大化的环境下流向大城市，从而在某种程度上抑制了周边城市的发展。

部分研究也发现，中心城市对周边地区具有极化效应和对经济增长的抑制作用。王冀平（2012）认为，发展中心对周边地区的回波效应远大于扩散效应。[①]其他学者对长三角城市群、京津冀城市群、珠三角城市群、中原城市群（孙东琪等，2013；张学波等，2016；梅志雄等，2012；柯善咨等，2010）的相关研究也

① 王冀平. 从缪尔达尔"循环积累因果理论"看"环京津贫困带"问题 [J]. 经济论坛，2012（2）：19 − 24.

证明，基础设施和城镇化在不同阶段对经济增长的贡献是不同的，特别是交通基础设施建设，作为社会的先行资本，对经济发展的作用会往后延，对落后地区发展的带动作用并不是太显著。① 如果没有产业的发展，长期的影响会更不利。

随着交通网络的不断发展，其所提供服务的平均成本有逐渐降低的趋势，更方便了要素的流动，在市场经济体制下，大城市的吸引力更大。一方面，交通网络的完善和发展扩大了各区域市场的规模，有利于促进各种生产要素的区域间交流，进而带动新的知识和技术在区域间传播。因此从这个方面来讲，交通网络的溢出效应是正向的。另一方面，交通网络效应会加强地区之间的地理和经济联系，使经济活动产生空间集聚和扩散，从而进一步改善要素在地区间的流动与区际贸易，从而促进分工、专业化与聚集经济，最终形成空间溢出效应。交通基础设施的完善也会促进运输成本降低，改善区域间的贸易自由度，促进资源的集聚，产生规模效应，使富的地方越来越富，穷的地方也越来越穷。②

其次，西南地区中心城市数量和规模都非常有限，空间溢出不足。西南地区城镇结构体系失衡，大城市数量不多，中小城市数量多而不具规模，县域经济发展基础差，导致空间溢出动力不足。其一，西南地区的空间结构限制了中心城市的发展。西南地区由于地形、地貌原因，城市间的距离较远，山川、河流等阻碍多，基础设施建设成本高，这样的空间结构和地形地貌决定了西南地区的中心城市规模较小，城镇化进度较慢。其二，经济发展滞后，这是导致空间溢出效应不足的主要原因。西南地区经济发展滞后，核心城市辐射和带动功能不足。城市距离和发展阶段决定了西南地区当前经济增长的空间效应不足，集聚经济的作用很难发挥。西南地区目前的发展表明，大城市并未对县和县级市产生显著的影响。

最后，西南贫困县域的自我发展能力不足，造成了贫困恶性循环。西南地区，特别是西南地区贫困县自我发展能力尽管已有较大幅度提升，但发展不足，自我发展能力低，自生能力弱，依然是西南地区经济社会发展面临的重要的内源性制约因素。③ 小城市之间也存在经济增长负面溢出效应，封闭发展，恶性竞争。目前，西南地区的贫困地区主要分布于地理不利的地区，也就是说，这些地区距离核心区远，得到核心区发展红利的溢出少，地形复杂，建设成本高，地理

① 张学良. 交通基础设施、空间溢出与区域经济增长 [M]. 南京：南京大学出版社，2009.
② 伍骏骞. 经济集聚对农民增收与农村减贫的直接影响和空间溢出效应研究 [D]. 浙江大学博士学位论文，2014.
③ 郑长德. 中国民族地区自我发展能力构建研究 [J]. 民族研究，2011 (4)：15–24，107.

资本短缺。尤其是贫困程度较深的区域，贫困分布在空间上总体呈现出正相关性，即各地区贫困的变化可能是因为相邻地区贫困变化引起的。在自然地理上，根据 2011 年国家划定的连片特困区，其中包括西南境内县域的有 6 个片区，这些片区都是贫困县的集聚区，分别是：秦巴山区范围的四川和重庆东北方向的20 个县，处于中国南北分界地带；武陵山片区包括重庆和贵州东南的 22 个县；乌蒙山片区包括川滇黔交界区的 38 个县，处于云贵高原与四川盆地的接合部；滇黔石漠化区的 51 个县；滇西边境区的 56 个县及川滇西北藏区的 35 个县（在文中提到的连片特困区都只是西南地区境内的范围）。自然地理、历史、区位、行政等都可能是贫困带形成的原因。在生态上，这些地区大都属于限制开发区与禁止开发区，发展的空间约束比较大；从经济社会看，这些地区远离核心区，处于边缘地带（郑长德，2017）。[①] 由于循环累积因果效应的自我强化机制，核心—边缘结构会变得超稳定。要打破这种超稳定的结构状态，政府的政策干预必须要达到一定的力度。

大城市发展吸引了小城市的劳动力及资本等要素，因此对周边县域来说是负向溢出；西南地区其他中小城市规模有限，对边缘县域的辐射作用较小（空间溢出效应较小）；而小县城特别是位于连片特困区范围内的县城内生发展动力不足。因此，本章认为经济增长的空间自相关是造成县域发展差异的主要原因之一。西南地区虽然在空间上有显著的溢出效应，但贫困集聚问题也非常严峻。

5.4 本章小结

本章对西南地区县域经济进行空间相关性检验，利用空间杜宾模型，以邻接权重、距离权重、嵌套权重及交通网络权重分别作为空间权重，分析交通网络、城镇化对经济增长的空间溢出效应，得出的主要结论有：

（1）西南地区县域经济增长存在显著的空间正相关关系。基于 2007~2016 年西南地区 436 个县域的面板数据，发现被解释变量人均 GDP 和主要解释变量

---

① 郑长德. 集聚与贫困：来自四川建档立卡贫困县的证据 [J]. 西南民族大学学报（人文社科版），2017，38（10）：108－116.

城镇化及交通网络的莫兰指数均为正，并且都在95%置信水平上通过检验，说明西南地区的经济增长、城镇化发展及交通网络存在显著的空间相关性。

（2）通过回归结果可知，西南地区交通网络对县域经济增长的作用为负；城镇化与经济增长之间存在倒"U"形关系；劳动力投入、产业结构、资金投入、政府干预对西南地区经济增长有促进作用；且交通网络和城镇化对经济增长的影响存在交互作用。

（3）通过 SDM 模型回归发现，在不同的空间权重下，西南地区交通网络、城镇化及其他控制变量对县域经济增长存在显著的空间溢出效应，本地区的交通网络、城镇化变化都会对其他地区的经济增长产生影响，交通网络和城镇化对周围县域的间接效应为负。西南地区交通网络权重下，城镇化对经济增长的影响大于地理距离权重和邻接权重，交通网络效应使县域之间的联系更紧密。但西南地区发展还是受到距离和地理位置限制，交通网络效应并没有充分发挥。

（4）通过实证分析结果和对西南地区经济发展的分析，本章认为西南地区县域经济增长存在的空间集聚现象，特别是贫困县的集聚与西南地区县域经济增长之间的空间溢出效应有关。集聚和增长使县域之间差距拉大，形成不均衡格局。西南地区交通网络已经形成，但是县域的各种资源要素更倾向于流向更大的城市和更发达的地区。在当前阶段，西南地区交通网络效应是负向的。在大城市的空间负向溢出、中小城市溢出不足及连片特困区的自我发展能力不足等共同作用下形成了西南地区贫困的集聚现象。

6 交通网络、城镇化与西南地区经济增长的空间异质性

通过第 5 章本书得到的空间溢出效应反映的是西南地区县域经济的整体情况，交通网络和城镇化对县域经济增长的直接效应和间接效应都是 436 个县的平均值。而西南地区在自然资源、地理区位等方面存在很大的差异，在政策的制定和实施过程中，需要对区域的不均衡状态有所了解，全局回归的结果对问题的解释力度很有限，因此本章希望通过异质性分析，挖掘隐藏在平均值后面的县域之间的发展差距，以期为西南地区有针对性地解决区域问题提供理论和实证支撑。

6.1 基本模型及数据来源

6.1.1 地理加权回归模型（GWR）

全局回归针对小尺度问题的解释是有限的，随着研究对象尺度的变化，学者和政策制定者都更关注区域差异问题，因此，进行局部回归的分析是非常重要的。Fotheringham 等（2002）在局部回归基础上，关注了空间因素对模型的影响，提出了地理加权回归模型。[①] GWR 模型可以看作一种具有不同地理参数的回归模型，用这个方程可以描述由于位置不同导致的空间景观差异。也就是说，GWR 模型的回归系数可以对不同时期、不同区域的现象做出新的解释，以此来识别并检验变量的空间异质性，表达式如下：

① Fotheringham A. S., Brunsdom C., Charlton M. Geographically Weighted Regression [M]. Chinchester: John Wiley & Sons, 2002.

$$y_i = \beta_0(u_i, v_i) + \sum_1^k \beta_k(u_i, v_i)x_{ik} + \varepsilon_i \qquad (6-1)$$

其中，i 是样本个数，k 为变量个数，y 是因变量，（u，v）代表样本个体的坐标，β_0 为坐标点的回归系数，x 表示变量的值，ε 代表随机误差项。GWR 模型最优带宽由赤池信息准则法（AIC）确定，随着空间局部地理位置变化而变化，其中可变系数由加权最小二乘法估计：[①]

$$\beta_i(u_i, v_i) = [X^T W(u_i, v_i)X]^{-1}X^T W(u_i, v_i)Y \qquad (6-2)$$

空间权重是空间关系和空间结构的抽象表达，能反映区域之间的关系，在空间异质性的检测中，基于地理学第一定律，相邻的地区比更远的地区发生相互影响的概率更大。因此，在异质性分析中，主要用邻接权重矩阵来表示这种空间关系。如果两个空间单元的公共边界长度非零，则认为它们是连续的，并赋值为 1。在地理加权模型中，本章定义的邻接权重主要是高斯距离权重（Gaussian Distance），其表达式为：

$$w_{ij} = \begin{cases} \exp[-(d_{ij}/b)^2], & d_{ij} \le b \\ 0, & d_{ij} > b \end{cases} \qquad (6-3)$$

其中，b 是带宽，d_{ij} 是县域之间的投影距离，w_{ij} 为 n×n 权重矩阵，所有对角线元素为 0，$i \in n$，$j \in n$。

在崔长彬等（2012）[②] 的模型基础上，本章的模型设置如下：

$$\begin{aligned} \ln rgdp_i = &\beta_{0i}(u_i, v_i) + \beta_{1i}(u_i, v_i)U_i + \beta_{2i}(u_i, v_i)\ln K_i + \beta_{3i}(u_i, v_i)\ln E_i \\ &+ \beta_{4i}(u_i, v_i)\ln I_i + \beta_{5i}(u_i, v_i)\ln Z_i + \beta_{6i}(u_i, v_i)\ln G_i \\ &+ \beta_{7i}(u_i, v_i)cc\_2_i + \varepsilon_i \end{aligned} \qquad (6-4)$$

其中，$\beta_{0i} \sim \beta_{7i}$ 分别是常数项及各变量的回归系数，本章 i = [1，436]，U 是城镇化水平，lnK 是交通网络的对数，lnE 代表劳动力投入，为就业人数的对数，lnI 代表产业结构水平，是第三产业产值与总产值比的对数，lnZ 是政府的干预力度，为一般财政支出的对数，lnG 是资本投入，为固定资产的对数，cc_2 是城镇化率的平方项，lnP 是人口密度的对数。

6.1.2 数据来源

本章将县域作为空间分析的基本单元，选取 2007～2016 年四川省、重庆市、

---

① 高晓光. 中国高技术产业创新效率影响因素的空间异质效应——基于地理加权回归模型的实证研究 [J]. 世界地理研究，2016，25（4）：122-131.

② 崔长彬，姜石良，张正河. 河北县域经济影响因素的空间差异分析——基于贝叶斯地理加权回归方法 [J]. 经济地理，2012，32（2）：39-45.

贵州省、云南省 436 个样本量，分析县域经济增长的空间异质性及影响因素。经济增长的指标主要选取人均生产总值；城镇化的指标以县域城镇常住人口数占总人口的比例表示；交通网络数据是基于陆路交通基础设施的平均旅行时间计算得到。[①]

选取的控制变量主要包括：劳动力投入，使用各县的年末从业人员作为劳动投入数据，数据来源于各省 2008 ~ 2017 年的统计年鉴；资本投入，数据用各县固定资产投资数据；产业结构，用第二产业产值和第三产业产值的比重数据。政府的干预程度作为控制变量纳入计量模型之中，选用县级政府财政支出占 GDP 的比重来衡量。本章的实证包括了西南地区 436 个县 10 年的截面数据，共 4360 组样本量。本章使用的数据与第 5 章一致，因此数据的描述性统计特征见表 5 - 3。

6.2　西南地区空间异质性格局

空间异质性主要是由于位置的不同而导致交通网络、城镇化水平及经济发展的差异，本章主要通过热点分析和莫兰指数探索西南地区的空间异质性格局。

6.2.1　热点分析

西南地区县域经济发展在空间上是不均衡的，有些地区经济发展较好，并且周围地区发展得也好，形成经济发展的热点区域（高值聚类）；有些地区经济发展得不好，周围地区也发展得不好，则形成经济发展的冷点区域（低值聚类）。通常用 General G 指数衡量高低值聚类，表达式如下：

$$G = \frac{\sum_{i=1}^{n}\sum_{j=1}^{n} w_{ij}x_i x_j}{\sum_{i=1}^{n}\sum_{j=1}^{n} x_i x_j}, \forall i \neq j \tag{6-5}$$

其中，w_{ij} 为权重值，x_i，x_j 为样本单元。本章利用 ArcGIS10.3 的热点分析（Getis – Ord Gi *）工具，能对研究区域识别高值（热点）和低值（冷点）的空间聚类。

---

① 数据来自《中国交通地图册》，主要选择陆路交通网络作为分析对象，重点提取了区域高速公路、国道、省道和县道四个等级公路和铁路。其中，道路速度的设置值参照《公路工程技术标准》（JTGB01 - 2003）的规定：铁路120km/h、高速100km/h、国道80km/h、省道60km/h、县道40km/h。通过 ArcGIS 计算县域尺度考虑道路长度和速度的平均旅行时间。

通过分析我们看到，西南地区的经济发展在空间上呈现出明显的冷热点区域。其中，热点区域（经济发展较好县域聚集）主要包括155个县，集中分布在四个区域，分别位于各省的省会中心；冷点区域（经济发展较差县域聚集）主要包括105个县，集中分布在六个较大的区域，这些区域恰好是西南地区境内的连片特困区范围；其他还有176个县在热点分析中结果不显著。

6.2.2 局部莫兰指数与 LISA 图分析

在地理空间上，不仅存在高低集聚，还存在高值被低值包围或低值被高值包围等更复杂的情况。本章采用 Anselin 教授提出的 Anselin Local Moran' I 算法来分析这个问题。局部莫兰指数的结果可以通过 LISA 图直观分析。

根据 LISA 指数，空间上显著相关的区域可以分为四种关系：高—高（High - High）集聚、高—低（High - Low）集聚、低—低（Low - Low）集聚及低—高（Low - High）集聚。西南地区各县之间存在较强的空间相关性，其中高—高集聚的72个县分布于成都、昆明等省会城市和重庆直辖市；低—高集聚有51个县，分布在省会城市周围；低—低集聚有90个县，集中分布于六个连片特困区；高—低集聚有14个县，分布于低—低集聚附近。也就是说，各县域人均产出之间存在空间相关和空间异质性，具有相似值或者相异值之间的空间集群现象，经典统计分析所要求的独立、随机分布假设不成立。

再来看各县变量数据的空间自相关检验结果。从交通网络、城镇化、人均GDP 的莫兰值来看（见图6-1），2007~2016年，四个象限的分布情况都有变化，交通网络的莫兰值较高，在0.51左右，县域之间对交通网络的空间依赖性很强，交通网络发展的空间相关性较强；城镇化的莫兰指数变化较大，从0.073上升到0.292，即城镇化随着时间的推移，发展空间分布的相关性增强，与区域之间的交通网络提升和国家城镇化政策有很大关系；人均 GDP 的莫兰指数从0.164降低到0.083，县域分布相比2007年更向原点集中，说明西南地区的县域经济发展空间分布的相关性在减弱。

西南地区城镇化在空间上表现出更强的高—高集聚、高—低集聚和低—低集聚；西南地区在空间上也呈更明显的高—高集聚和高—低集聚特征。另外，其他变量如劳动力、资本、政府干预及产业结构也存在显著的空间相关性，2007年分别为0.476、0.375、0.359、0.041，2016年分别为0.473、0.252、0.239、0.121。

通过莫兰指数的空间探测分析，本章发现，交通网络、城镇化、经济增长在空间上都表现出显著的异质性，呈现非对称的分布和"大分散、小集中"现象，但是西南地区县域经济总体的空间集聚水平较低（见图 6 - 2）。

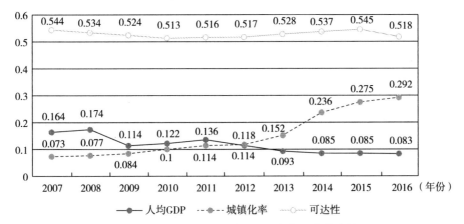

图 6 - 1　2007～2016 年全局莫兰指数及变化趋势

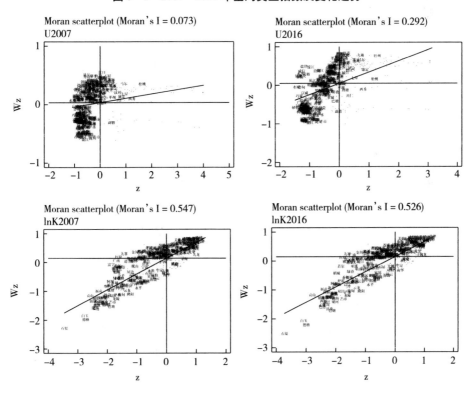

图 6 - 2　交通网络、城镇化莫兰散点图分布

6.2.3　贫困县的空间异质性格局

西南地区贫困县在散点图中的情况见图 6 - 3。秦巴山区在莫兰散点图中的分布大部分位于第二象限，部分低值被高值包围，也就是说，秦巴山区虽然是连片特困区，但是周围的县发展相对较好。武陵山区的贫困县 2007 年主要分布在低—低集聚区，也就是第三象限，武陵山是低值集聚区。乌蒙山区的贫困县主要分布在第二象限和第三象限，部分贫困县周围有发展较好的县，部分县处于低值集聚区。滇黔交界区的贫困县主要分布在第三象限，为低—低集聚区域。滇西边境区的县域主要分布在第三象限，也是低—低集聚。川滇西北藏区的贫困县主要分布在第三象限。第二象限和第一象限与其他几个连片贫困区相比，发展情况相对较好。

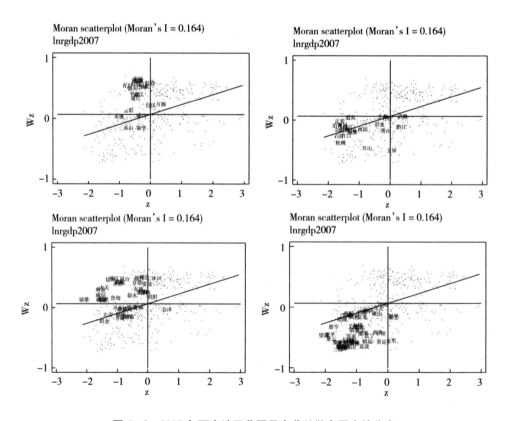

图 6 - 3　2007 年西南地区贫困县在莫兰散点图中的分布

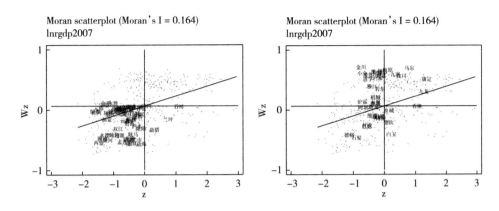

图 6 - 3　2007 年西南地区贫困县在莫兰散点图中的分布（续）

到 2016 年贫困县在莫兰散点图中的分布发生了较大变化（见图 6 - 4），从 2007 年的第三象限大部分转移到了第二象限，还有小部分转移到第一象限。西南地区 6 个片区的贫困县分布具有显著的正相关，在空间分布上比较集中，但是各片区之间也存在较大差异。2007～2016 年，6 个片区的分布都发生了较大变化，其中最明显的是武陵山片区，基本实现了高—高集聚，而分布在贵州和云南境内的滇黔石漠化区和滇西边境区变化较小，在空间上表现为低—低集聚。

通过冷热点分析和 LISA 图分析，我们知道西南地区县域经济增长在空间上呈现出异质性格局，主要的热点县域或高—高集聚县域分布在各省的省会城市市辖区及周边，冷点县域或低—低集聚县域分布在省交界区或各省的边缘区，也就是西南地区境内的 6 个连片特困区。

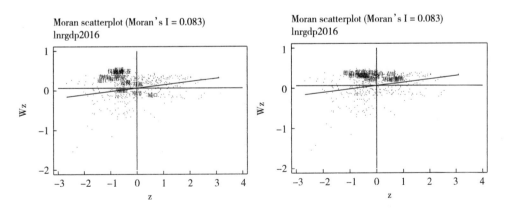

图 6 - 4　2016 年西南地区贫困县在莫兰散点图中的分布

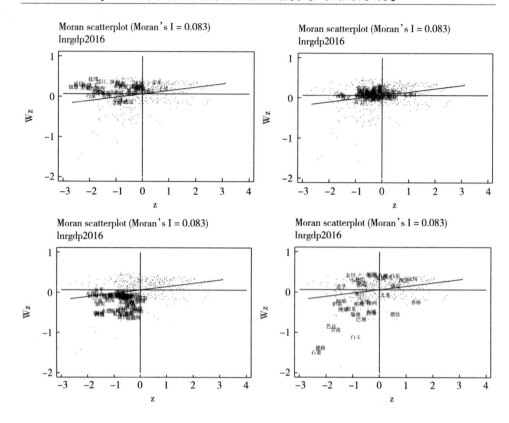

图6-4　2016年西南地区贫困县在莫兰散点图中的分布（续）

6.3　实证分析

GWR4.0是处理空间异质性比较权威的一款软件，它考虑到了研究对象随地理位置变化的空间现象，支持模型设置、模型拟合、统计检验等过程，对于本章探索西南地区在县域尺度下的空间变化及影响因素有优势，能具体分析它们之间的空间异质效应。因此，本章的实证分析使用GWR4.0软件实现。

6.3.1　回归结果

通过对西南地区的空间探索分析，笔者知道了西南地区的空间发展呈现出异质性特征，每个县域由于位置不同，经济发展的情况有很大差别。因此本章通过地理加权回归模型（GWR）探索县域经济增长的异质性及影响县域经济发展的主要因素。2007～2016年西南地区县域经济增长的GWR模型回归结果见表6-1。

表6-1　GWR模型检验结果

年份	lnK	U	cc_2	lnE	lnG	lnI	lnZ	lnP
2007	-0.31**	2.26***	-0.83**	0.16***	0.05**	-0.21***	0.11***	0.6***
	(-2.53)	(6.04)	(-1.97)	(8.47)	(2.05)	(-7.9)	(3.86)	(3.08)
2008	-0.16	2.7***	-1.26***	0.02	0.07***	-0.15***	0.15***	0.53***
	(-1.24)	(7.39)	(-3.06)	(1.15)	(3.01)	(-5.8)	(5.33)	(2.71)
2009	-0.08	2.59***	-1.37***	0.03	0.11***	-0.12***	0.09***	0.92***
	(-0.72)	(7.35)	(-3.43)	(1.54)	(4.53)	(-5.91)	(2.99)	(4.09)
2010	-0.03	2.85***	-1.94***	0.02	0.34***	-0.07***	-0.31***	0.78***
	(-0.29)	(10.2)	(-5.93)	(1.55)	(11.72)	(-3.59)	(-7.65)	(4.27)
2011	0.16	2.65***	-1.49***	0.06***	0.08***	-0.12***	0.06*	0.83***
	(1.61)	(8.04)	(-4.21)	(3.33)	(2.58)	(-5.94)	(1.93)	(4.24)
2012	0.17*	2.81***	-1.67***	0.04**	0.05*	-0.15***	0.04	1.15***
	(1.75)	(8.62)	(-4.84)	(2.42)	(1.72)	(-7.22)	(1.42)	(5.73)
2013	0	2.02***	-1.19***	0.01	0.32***	-0.09***	-0.4***	1.11***
	(0.05)	(6.7)	(-3.67)	(0.84)	(8.57)	(-4.74)	(-7.4)	(5.25)
2014	0.07	2.3***	-1.36***	0	0.27***	-0.08***	-0.3***	1.04***
	(0.77)	(7.88)	(-4.34)	(-0.2)	(8.04)	(-4.34)	(-6.44)	(4.93)
2015	0.18**	2.35***	-1.05***	-0.11***	0.35***	-0.02	-0.32***	0.46***
	(2.13)	(8.43)	(-3.6)	(-7.19)	(12.11)	(-1.34)	(-6.92)	(3.26)
2016	0.21***	2.37***	-1.23***	-0.11***	0.39***	0	-0.4***	0.47***
	(2.59)	(9.2)	(-4.6)	(-7.41)	(14.35)	(-0.13)	(-9.25)	(3.61)

注：括号内为t值；*、**、***分别表示在10%、5%和1%显著性水平下显著。

可以看到，变量回归结果都非常显著。交通网络对县域经济增长的弹性系数2007～2016年有很大的变化，2007～2010年，交通网络增长反而抑制了县域经济增长；2011～2016年，交通网络对经济增长的弹性系数为正，也就是说，交通网络的发展促进县域经济增长，并且2011～2016年弹性系数不断增大，结果也更显著，交通网络对县域经济增长的作用越来越突出。城镇化对县域经济增长的弹性系数为正，城镇化平方项的弹性系数为负，再次验证了西南地区城镇化与县域经济增长之间的倒"U"形关系。产业结构（本章用第三产业产值和第二产业产值比）对县域经济增长的弹性系数为负，第三产业占比提高，不一定能带动县域经济增长。劳动力投入、资本投入、政府干预及人口密度的增长均能不同程度促进西南地区县域经济增长。

2007～2016 年 GWR 回归系数的变化趋势如图 6－5 所示，在其他控制变量不变的前提下，交通网络对县域经济增长的弹性系数不断增加，弹性系数从负变为正。城镇化对西南地区的影响最为显著，弹性系数在 2.5 左右，城镇化平方项的系数为负，因此，城镇化对经济的影响呈现倒"U"形关系。

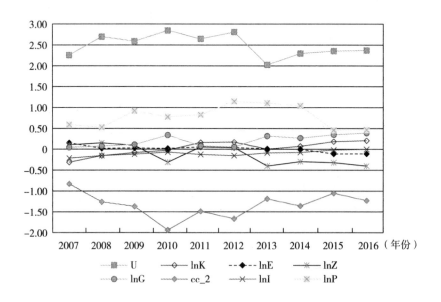

图 6－5　2007～2016 年 GWR 回归结果变化趋势

我们通过 OLS 模型和 GWR 模型的参数对比分析，可以知道 GWR 模型的拟合效果是更优的。从表 6－2 中可以看到，2007～2016 年的 GWR 模型估计 AIC （Akaike's Information Criterion，是衡量统计模型拟合优良性的一个常用指标）值明显小于 OLS 模型的估计值。相同年份的数据，采用 GWR 模型估计的可决系数优于 OLS 模型的可决系数，2007 年 OLS 模型的可决系数为 0.65，GWR 模型的可决系数达到 0.87。平均来看，2007～2016 年两种模型的估计结果可决系数相差 10%～20%。采用 AIC 信息准则估计的模型最优带宽为 89。

表 6-2　OLS 模型和 GWR 模型的回归参数

年份	检验模型	AIC 信息准则	贝叶斯信息准则	变异系数	可决系数	最优带宽
2007	OLS	449.11	488.37	0.17	0.65	82
	GWR	105.78	444.42	0.17	0.87	
2008	OLS	438.54	478.78	0.16	0.59	89
	GWR	121.31	438.43	0.16	0.87	
2009	OLS	383.56	423.85	0.17	0.64	84
	GWR	71.08	401.82	0.12	0.86	
2010	OLS	236.12	276.37	0.11	0.73	89
	GWR	28.62	342.17	0.08	0.86	
2011	OLS	316.45	356.71	0.14	0.66	89
	GWR	79.74	333.85	0.12	0.84	
2012	OLS	287.26	327.52	0.13	0.65	89
	GWR	47.28	362.32	0.07	0.83	
2013	OLS	243.35	283.61	0.12	0.67	89
	GWR	20.95	339.98	0.06	0.83	
2014	OLS	233.02	273.28	0.12	0.67	88
	GWR	32.87	347.63	0.06	0.83	
2015	OLS	216.66	256.92	0.11	0.68	89
	GWR	30.91	349.1	0.09	0.83	
2016	OLS	159.36	199.61	0.09	0.71	89
	GWR	23.11	330.72	0.06	0.83	

资料来源：笔者根据计算结果整理。

6.3.2　连片贫困区异质性结果分析

连片特困地区 2016 年的回归结果见表 6-3，每个变量对片区的影响大多数是同向的，其中，城镇化对滇西边境区的影响最大，达到 3.89，其次是乌蒙山片区，为 3.38，其他片区均低于西南地区平均水平。交通网络对秦巴山区的影响较大，可能的原因是秦巴山位于四川省东北部，是出川的要塞之一，2007~2016年，新建和翻修交通基础设施促进了秦巴山区的经济发展，交通网络对其他几个片区的影响也为正，系数要比西南地区的水平小很多。劳动力投入的影响在 6 个片区都较小，其中滇黔石漠化区和滇西边境区的影响为正，其他片区为负。产业结构和政府支出对经济增长的影响为负,资本投入影响为正,与西南地区整体的情况差别不大。可决系数除了川滇藏区外,均低于西南整体回归结果。

表6-3 连片特困地区回归结果的异质性分析

变量	U	lnK	lnE	lnI	lnZ	lnG	cc_2	局部 R^2
西南地区	2.856	0.425	-0.059	-0.209	-0.234	0.262	-1.317	0.86
秦巴山区	2.28	1.08	-0.17	-0.09	-0.02	0.20	-0.65	0.76
武陵山区	2.09	0.29	-0.06	-0.21	-0.24	0.25	-0.48	0.79
乌蒙山区	3.38	0.13	-0.14	-0.27	-0.30	0.37	-1.79	0.85
滇黔石漠化区	2.30	0.30	0.04	-0.23	-0.44	0.32	-1.31	0.83
滇西边境区	3.89	0.37	0.06	-0.20	-0.21	0.20	-2.89	0.85
川滇藏区	1.43	0.23	-0.20	-0.32	-0.30	0.33	1.01	0.86

注:所有结果在10%显著性水平下显著。

6.3.3 西南地区异质性的影响因素分析

接下来本章通过 ArcGIS10.3 将不同县域的回归结果在地图中进行可视化,能比较直观地看到2007~2016年县域经济增长的影响因素在空间的布局及演化特征。

6.3.3.1 交通网络对县域经济增长影响的空间异质性

各县域经济的存量及发展的快慢不同,受到交通网络影响的敏感程度也不同。从可视化的回归结果中我们可以看到,交通网络对县域经济增长的影响存在显著的空间异质性。2007年交通网络对经济增长影响弹性系数最高的地区位于四川省北部,主要包括大邑县、邛崃市、崇州市、蒲江县、新津县、都江堰市、温江区、宝兴县、郫县、双流县等;而影响最小的县域位于四川省西部、云南省北部地区,包括巧家县、马龙县、鲁甸县、昭阳区、水城县、钟山区、寻甸回族彝族自治县、册亨县、宣威市、沾益县、东川区等。

到2016年,交通网络对经济增长的影响在2007年基础上发生了较大的变化,交通网络对经济的影响普遍降低,大多数县域交通网络与经济增长关系为正相关。2016年,交通网络对经济增长影响弹性系数最高的地区位于四川省东北部,主要包括剑阁县、青川县、梓潼县、利州区、朝天区、昭化区、苍溪县、安县、阆中市、大英县等；而影响最小的县域位于四川省和云南省交界地区，包括盐边县、玉龙纳西族自治县、元谋县、宁蒗彝族自治县、仁和区、攀枝花东区、永仁县、永胜县、华坪县等。2007年交通网络对经济增长呈负相关的地区占17.4%，主要分布在四川省、贵州省、云南省三省交界地带，也正是乌蒙山连片特困区所在地，这一地区的交通网络相对更低，交通基础设施建设滞后于经济发展，对经济增长表现为负影响。到2016年，这种情况有了好转，负影响地区减少为11%，面积逐渐缩小，主要分布于云南省和四川省交界处。因此，我们认为西南地区交通网络带动了发展较好地区的经济增长，抑制了发展较差地区的经济增长。

6.3.3.2　城镇化对县域经济增长影响的空间异质性

西南地区城镇化对各个县域的影响也有很大的差别。从2007年的城镇化系数分布来看，呈现出西边地区城镇化对县域经济影响弹性系数高，东边地区城镇化对县域经济影响弹性系数低的布局。西南地区西边县城城镇化对经济的影响程度普遍高于东边，并且呈现出聚集状态，高值区和高值区集聚，低值区和低值区集聚。结合地区的城镇化水平本章可以知道，正好是城镇化水平低的地区，城镇化对经济影响的系数较大，城镇化水平高的地区，城镇化发展对经济的影响程度较小。从分布的情况来看，四川省西部、云南省、贵州省西部是影响最大的地区。到2016年，西南地区西边县域城镇化对经济的影响程度降低，中部地区的影响程度增加，弹性系数最大的分布于成渝城市群内，分别是盐亭县、乐至县、中江县、雁江区、简阳市、江安县、长宁县、纳溪区等。2007年新平彝族傣族自治县、镇沅彝族哈尼族拉祜族自治县、元江哈尼族彝族傣族自治县三个县城镇化影响系数为负，其他地区城镇化与经济发展均为正相关。2016年负相关地区变为13个县，主要聚集在四川省西北部，甘孜州境内。部分地区的城镇化效应为负，与劳务输出有很大的关系，西南地区的青壮年为了获得高收入，选择到东中部地区打工或创业，城镇化水平的提高主要由老人养老及中小学教育拉动，因此城镇化水平提升并没有带动经济增长。

6.3.3.3　其他控制变量对县域经济增长影响的空间异质性

西南地区劳动力投入、资本投入、政府干预及产业结构对县域经济增长的影响均存在空间异质性。劳动力投入对县域经济增长的影响2007~2016年有减小趋势，大部分县域劳动力投入对县域经济增长有促进作用。资本投入对县域经济增长的影响2007~2016年在增加，表明西南地区对资本投资的依赖程度逐渐增强。2007 年资本投入对经济增长影响较大的地区主要集中在川渝东南，2016 年资本投入对经济增长影响较大的地区主要在云贵川交界处。政府干预对县域经济增长的影响 90% 以上的县域呈现正相关趋势，表明政府在西南地区发展中的作用很重要。由于县域经济发展的基础差异，相比于发展较好的县域来说，政府干预和资本投入对省际交界区和贫困地区的影响更大。产业结构对西南地区县域经济增长的影响较小，并且大部分地区弹性系数为负，可能的原因是西南地区处于工业化的初中期，很多地区的第三产业发展并不是产业结构升级的结果，而是第二产业发展条件不足，因此第三产业的产值增加对经济的带动也是很有限的。

6.3.3.4 可决系数的异质性特征

可决系数（R^2）是衡量模型在观察期内对样本观测值拟合好坏的指标。由于西南地区的交通网络、城镇化及其他控制变量对每个县经济增长的影响不同，因此，每个县对模型的拟合优度也会存在差异。通过地理加权回归，本章得到了每个县模型拟合的可决系数，通过对可决系数进行地图可视化，我们发现模型的可决系数普遍在 0.8 以上，各个县的 R^2 值都较高，而且出现明显的空间聚集趋势，R^2 高的地区与高的地区聚集，R^2 低的地区与低的地区聚集。

2007 年 R^2 在 0.8 以下的主要是成都周边地区，到 2016 年 R^2 在 0.8 以下的地区向重庆扩展；2007 年可决系数最高的是西南地区的西部及贵州、重庆交界的地区，2016 年可决系数最高的地区逐渐向西南地区中部转移。即城镇化、交通网络、产业结构、劳动投入、资金投入、政府干预对县域经济增长的贡献西边县域大于东边县域，R^2 较大的地区主要分布在四川省西北部、大部分云南地区和贵州省西部，R^2 较小的地区主要分布在重庆市、四川省东南部及贵州省东部等地区。从 R^2 解释力度稍小的地区来看，可能的原因是大城市的现代经济增长的重要来源是城市经济发展中的人力资本、创新和企业家精神，这些地区对城镇化水平、交通网络等因素的依赖相对较小。

综上可知，交通网络、城镇化、劳动投入、资金投入、政府干预、产业结构是影响西南地区县域经济增长的主要因素，在不同年份和不同县域，各要素对经济增长的影响程度存在空间异质性。从整体来看，交通网络促进西南地区发展较好县域的经济增长，抑制了发展较差县域的经济增长；城镇化与县域经济增长呈倒"U"形关系，当前阶段城镇化发展对西南地区大部分县域经济增长是促进作用；劳动力投入对云南省各县域经济增长的带动作用较强；资本投入和政府干预对经济增长的带动作用在贫困县域更为突出；产业结构对各县域的带动作用较弱，西南地区还处于工业化初级阶段，第三产业占比增加并不能带动西南地区经济增长。

6.3.4 门槛特征

经过上面的分析我们知道，交通网络和城镇化对县域经济增长的交互项显著，对经济增长存在交互作用，接下来我们继续探讨城镇化对县域经济增长的异质性受到交通网络影响后的结果。由于城镇化对经济增长呈倒"U"形关系，而并非线性相关，当城镇化的水平达到一定水平时，对经济的作用会发生结构性的变化。Borensztein 等（1998）形象地把这一现象称为"门槛效应"，其是指当一个经济参数达到特定的数值后，引起另一个经济参数发生突然转向其他发展形式的现象，作为原因现象的临界值称为门槛值。① 由于区位条件、地理地貌等导致核心城市与边缘城市在交通条件、产业结构等方面存在较大差异，城镇化对经济增长的影响在空间上也会存在较大差异，本章继续探索在交通网络、产业结构、劳动力投入、固定资产投入及政府干预等变量作为门槛变量时，城镇化对县域经济增长的门槛特征（见表6-4）。

表6-4 门槛变量及指标

门槛变量	门槛数	门槛值	F 值	P 值	临界值		
					10%	5%	1%
交通网络	单门槛	-0.20	33.65	0.00	23.24	27.36	29.71
	双门槛	0.20	27.79	0.05	21.74	26.78	41.70
产业结构	单门槛	0.38	48.27	0.01	27.10	33.28	45.00
	双门槛	1.39	34.4	0.01	23.17	26.12	29.32
劳动力投入	单门槛	0.38	37.01	0.02	21.83	25.10	40.80
	双门槛	1.12	24.08	0.05	18.94	23.94	28.20
固定资产投资	单门槛	10.88	554.31	0.00	69.58	79.99	82.92
	双门槛	11.51	1221.17	0.00	193.90	215.95	248.03
政府支出	单门槛	11.53	193.18	0.00	32.34	37.86	41.75
	双门槛	12.79	71.91	0.00	20.50	24.38	31.43

资料来源：笔者根据计算结果整理。

---

① Borensztein E. , Gregorio Lee. How Does Foreign Direct Investment Affect Economic Growth? [J] . Journal of International Economics, 1998 (45)：115-135.

交通网络影响要素集聚和人口的迁移，通过加入交通网络和城镇化的交互项，能提高模型的拟合优度，且系数显著为正，也就是交通网络和城镇化的交互作用对西南地区的县域经济增长有显著的正效应，交通网络高低会影响城镇化对经济的作用。因此，本章将交通网络作为门槛变量，分析城镇化对经济影响的门槛特征。根据门槛回归得到的结果为：第一门槛值为 -0.028，在 1% 置信水平下显著，第二门槛值为 0.203，在 5% 水平下显著。因此，我们说在交通网络影响下，城镇化对经济增长的作用有双门槛特征。同理，产业结构、劳动力投入、资本投入、政府干预等作为门槛变量，得到的双门槛值见表 6 - 4，所有门槛值在5% 水平下都是显著的，因此，在这些变量的影响下，城镇化对经济增长也存在双门槛特征。

通过图 6 - 6 我们可以直观地看到交通网络作为门槛变量的双门槛特征（其他变量的门槛图省略）。在交通网络的两个门槛上，城镇化对县域经济增长的影响系数会发生变化，城镇化对县域经济增长的异质性受到交通网络的影响。

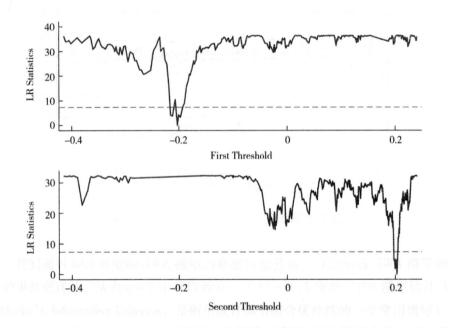

图 6 - 6 交通网络的门槛值

在双门槛显著的情况下，我们通过回归结果（见表 6 - 5）可知，城镇化对经济的影响在空间上的异质性受到其他因素的影响，表现出不平衡的特征。由于存在双门槛特征，城镇化对经济增长的影响存在三个系数。当交通网络作为门槛变量时，城镇化的回归系数先增加后减小，在第一门槛和第二门槛之间的影响较大，系数为1.244；当产业结构和劳动力投入作为门槛变量时，城镇化的影响系数变化不大，都比较显著；在资本投资作为门槛变量时，城镇化的影响系数变化较大，分别是 - 2.522、0.117、1.887；政府干预作为门槛变量时，城镇化影响系数逐渐增加。

表6-5 双门槛回归结果

门槛变量	lnK	lnI	lnE	lnG	lnZ
U1	0.515	1.137***	0.896***	- 2.522***	0.687***
	(1.42)	(9.20)	(5.30)	(- 10.45)	(4.72)
U2	1.244***	0.857***	1.348***	0.117	1.214***
	(12.27)	(8.29)	(9.72)	(0.74)	(12.50)
U3	0.872***	1.111***	1.069***	1.887***	1.446***
	(7.85)	(10.29)	(10.98)	(15.98)	(15.44)
lnK		- 0.699	- 0.684*	0.117	- 0.863*
		(- 1.60)	(- 1.66)	(0.27)	(- 1.94)
lnI	0.0855***		0.0852***	0.0810***	0.103***
	(4.36)		(4.36)	(3.92)	(5.13)
lnE	0.0625**	0.0673***		0.245***	0.0651***
	(3.09)	(3.21)		(6.87)	(3.01)
lnG	0.338***	0.339***	0.344***		0.364***
	(43.51)	(42.22)	(43.84)		(45.63)
lnZ	0.160***	0.164***	0.160***	0.285***	
	(11.04)	(11.42)	(10.98)	(12.92)	
常数项	2.966***	3.039***	3.000***	5.429***	4.520***
	(20.01)	(19.83)	(20.14)	(22.70)	(44.47)
R²	0.794	0.79	0.793	0.659	0.782
N	4360	4360	4360	4360	4360

注：括号内为t值；*、**、***分别表示在10%、5%和1%显著性水平下显著。

当交通网络、产业结构、劳动力投入、资金投入、政府支出等指标的门槛值发生变化时，城镇化对经济增长的影响会出现比较明显的变化，也就是说，城镇化有明显的门槛特征。通过对应空间上的分布我们可以得知，以交通网络作为门槛值，城镇化对县域经济增长的影响在空间上表现为"核心—边缘"特征，交通网络最好的地区，城镇化水平高，城镇化对经济增长的影响相对较小；交通网络处于中等水平的地区，城镇化对县域经济增长的影响最大；交通网络最低的地区，城镇化对经济增长的影响也较大。产业结构、劳动力投入、资本投入、政府干预的门槛分布呈现出省际差异，重庆市、四川省主要是第二门槛的影响，贵州省和云南省大部分县域第一门槛的影响较大，呈从东到西的递减趋势。

6.4　本章小结

本章在 GWR 模型的基础上，通过对 2007～2016 年西南地区 436 个县域数据进行异质性检验，在控制了劳动力投入、资本投入、产业结构和政府干预等变量的前提下，重点分析了交通网络、城镇化对县域经济增长作用的空间异质性，并通过 ArcGIS10.3 将不同县域经济增长的影响因素在地图中进行可视化，得出的主要结论有：

（1）通过热点分析和莫兰指数探索发现，西南地区的经济增长存在空间异质性格局，经济发展较好的县域集聚在一起，在空间上形成四个热点区域，主要位于西南地区的省会城市周围；经济发展不好的县域集聚在一起，在空间上形成六个冷点区域，主要分布在各省的边缘区和省际交界区，与西南地区境内的连片特困区重合。

（2）GWR 模型回归结果较 OLS 模型回归结果更为显著。从西南地区整体来看，交通网络对县域经济增长的弹性系数不断增加，弹性系数从负变为正。城镇化对西南地区的影响最为显著，且对经济的影响呈现倒"U"形关系。劳动力投入、产业结构、资本投入、政府干预均能不同程度促进西南地区县域经济增长。

（3）交通网络对县域经济增长的影响存在显著的空间异质性，交通网络带动了较好地区的经济增长，抑制了发展较差地区的经济增长。城镇化对不同地区的影响也有很大的差别。西南地区西边县域城镇化对经济的影响程度普遍高于东边县域，城镇化水平低的地区，城镇化对经济影响的系数较大，城镇化水平高的地区，城镇化对经济的影响程度较小。劳动力投入、资本投入、产业结构、政府干预对经济的影响也存在空间异质性。地理加权回归模型的可决系数 R^2 普遍在 0.8 以上，各个县的模型拟合都较好，而且出现明显的空间聚集趋势，高的地区与高的地区聚集，低的地区与低的地区聚集。城镇化、交通网络、产业结构、劳动力投入、资金投入、政府干预是影响西南地区县域经济增长的主要因素。

（4）城镇化对县域经济增长的影响在空间上存在门槛特征，交通网络影响城镇化对县域经济增长的作用。交通网络作为门槛，存在两个显著的门槛值，门槛回归结果显著。交通网络较高的地区，城镇化水平较高的县域，城镇化水平提高的空间不大，对经济增长的带动有限；交通网络较低的地区，城镇化发展缓慢，对县域经济增长的作用较小；而交通网络在第一门槛值和第二门槛值之间水平，城镇化对县域经济增长的作用效果最显著。

7 结论及对策建议

7.1 结论

7.1.1 关于"交通网络—城镇化—经济增长"作用机制的结论

本书在"流空间"视角下,分析了交通网络、城镇化与西南地区县域经济之间的关系,提出了"交通网络—城镇化—经济增长"的分析框架。以崔万田等(2018)提出的城镇化对经济增长作用模型为基础,认为区域之间在"流空间"中,必然会相互作用,并产生一定的效用,而交通网络是相互作用的主要载体,因此,将交通网络产生的效用通过劳动力流动模型加入生产函数进行推导,得出以下结论:第一,城镇化与经济的关系呈倒"U"形关系,并且城镇化水平受到交通网络和其他地区城镇化水平的影响;第二,其他地区城镇化对本地的经济影响主要取决于地理函数 f(d*),与两地的距离和网络系数相关;第三,网络系数对本地区经济的影响呈递增的指数关系。

7.1.2 西南地区交通网络、城镇化与县域经济存在空间耦合特征

西南地区交通网络、城镇化与县域经济发展整体滞后于全国平均水平。通过交通网络在城镇体系中的分布发现,西南地区城镇结构体系不合理,由交通网络连接的县域结构呈现为"核心—边缘"和"点—轴"等多模式嵌套结构,形成了成昆经济带、成黔经济带和滇黔经济带连接的"成渝城市群""黔中城市群""滇中城市群"的三角形空间网络结构形态。四省市间城市规模和数量不均衡发展,整体城市体系不合理。

通过空间椭圆特征分析发现，西南地区交通网络、城镇化与县域经济椭圆在空间上重合面积较大，三者在空间上分布和演变存在相似特征，交通网络密度高、城镇化水平高、经济发展较好的县域大多分布在椭圆内，交通网络密度低、城镇化水平低、经济发展较差的县域大多分布在椭圆外，贫困县基本上分布在椭圆外。因此，我们从宏观上判定，西南地区交通网络、城镇化与县域经济在空间上有耦合关系。

针对县域的耦合度分析发现，西南地区交通网络、城镇化和县域经济的空间耦合关系成立，三者发展水平越高的地区，耦合协调度越高，这些县域主要分布于省会城市附近；三者发展水平较低的县域，耦合协调度较低，这些县域主要分布于边缘区或交界区。

7.1.3　西南地区县域经济增长存在显著空间溢出效应

西南地区县域经济增长存在显著的空间正相关关系。基于 2007～2016 年西南地区 436 个县域的面板数据分析发现，被解释变量人均 GDP 和主要解释变量城镇化及交通网络的莫兰指数均为正，并且都在 95% 置信水平上通过检验，说明西南地区的经济增长、城镇化发展及交通网络存在显著的空间相关性。

由回归结果可知，西南地区交通网络对县域经济增长的作用为负；城镇化与经济增长之间存在倒 "U" 形关系；劳动力投入、产业结构、资金投入、政府干预对西南地区经济增长有促进作用；且交通网络和城镇化对经济增长的影响存在交互作用。

通过 SDM 模型回归发现，在不同的空间权重下，西南地区交通网络、城镇化及其他控制变量对县域经济增长存在显著的空间溢出效应，本地区的交通网络、城镇化变化都会对其他地区的经济增长产生影响，交通网络和城镇化对周围县域间接效应为负。西南地区交通网络权重下，城镇化对经济增长的影响大于距离权重和邻接权重，交通网络效应使县域之间的联系更紧密。但西南地区发展还是受到距离和地理位置限制，交通网络效应并没有充分发挥。

通过实证分析结果和对西南地区经济发展的分析，本书认为西南地区县域经济增长存在的空间集聚现象，特别是贫困县的集聚，与西南地区县域经济增长之间的空间溢出效应有关系。集聚和增长使县域之间差距拉大，形成不均衡格局。西南地区交通网络已经形成，但是县域的各种资源要素更倾向于流向更大的城市和更发达的地区。在当前阶段，西南交通网络效应是负向的。在大城市的空间负向溢出、中小城市溢出不足及连片特困区的自我发展能力不足等共同作用下形成了西南地区贫困的集聚现象。

7.1.4 西南地区县域经济增长存在空间异质性和门槛特征

通过热点分析和莫兰指数探索发现，西南地区的经济增长存在空间异质性格局，经济发展较好的县域集聚在一起，在空间上形成四个热点区域，主要位于西南四省（市）的省会城市周围；经济发展不好的县域集聚在一起，在空间上形成六个冷点区域，主要分布在各省（市）的边缘区和省际交界区，与西南地区境内的连片特困区重合。

GWR 模型回归结果较 OLS 模型回归结果更为显著。从西南地区整体来看，交通网络对县域经济增长的弹性系数不断增加，弹性系数从负变为正。城镇化对西南地区的影响最为显著，城镇化对经济的影响呈现倒"U"形关系。劳动力投入、产业结构、资本投入、政府干预均能不同程度促进西南地区县域经济增长。

交通网络对县域经济增长的影响存在显著的空间异质性，交通网络带动了发展较好地区的经济增长，抑制了发展较差地区的经济增长。城镇化对不同地区的影响也有很大的差别。西南地区西边县域城镇化对经济的影响程度普遍高于东边县域，城镇化水平低的地区，城镇化对经济影响的系数较大，城镇化水平高的地区，城镇化发展对经济的影响程度较小。劳动力投入、资本投入、产业结构、政府干预对经济的影响也存在空间异质性。地理加权回归模型的可决系数 R^2 普遍在 0.8 以上，各个县的模型拟合都较好，而且出现明显的空间聚集趋势，高的地区与高的地区聚集，低的地区与低的地区聚集。城镇化、交通网络、产业结构、劳动力投入、资金投入、政府干预是影响西南地区县域经济增长的主要因素。

城镇化对县域经济增长的影响在空间上存在门槛特征，交通网络影响城镇化对县域经济增长的作用。交通网络作为门槛，存在两个显著的门槛值，门槛回归结果显著。交通网络较高的地区，城镇化水平较高的县域，城镇化水平提高的空间不大，对经济增长的带动有限；交通网络较低的地区，城镇化发展缓慢，对县域经济增长作用较小；而交通网络在第一门槛值和第二门槛值之间水平，城镇化对县域经济增长的作用效果最显著。

7.2 对策建议

7.2.1 发挥交通网络基础作用，构建空间平衡机制

在任何时候，县域经济都不能在封闭的环境下发展，当前西南地区整体交通网络密度较低，交通网络在县域间布局不均衡，阻碍了区域协调发展，扩大了区域间差距。就铁路网络来看，西南地区铁路网密度小，覆盖的县城非常有限，货物运输的作用并没有充分地体现。从公路现状来看，高速公路建设以省会城市为核心的辐射分布是交通网络中布局最不平衡的交通方式之一；国道、省道和县道对区域内县城实现了全覆盖，但是在出行和运输成本上不占优势。

由于交通网络有助于推进区域均衡发展，西南地区要充分发挥交通网络的先导作用，构建空间平衡机制。首先，加大西南地区交通基础设施投资。西南地区县域经济发展需要有开放、包容、合作的发展理念，高速可达的交通是必要条件。西南地区目前的交通基础设施规模仍然较小，交通密度低，需要当地政府和中央的支持，抢抓即将开始的"十四五"规划编制的机遇、国家新一轮西部大开发及稳投资、补短板的政策机遇，加大以铁路为重点的交通基础设施投资与建设，细化交通"毛细血管"建设。在速度和质量上向东部地区看齐，通过综合的交通运输体系（水运、高速、高铁、航空）促进西南地区一体化发展。其次，优先发展省际交界区的交通设施建设。西南地区县域间交通基础设施建设差距大，其中，西南地区省际交界区的交通基础设施建设薄弱，成为阻碍区域间要素交流的主要因素。省际交界区运输条件的改善，对于运输成本的降低、省际的合作都是非常有利的。加快交通公共服务均等化，可以为西南地区经济实现又好又快发展和人民生活水平的稳步提高发挥更大作用。

7.2.2 推进县域城镇化的引导作用，促进资源合理集聚

县域城镇化将带动消费和投资市场，推动现阶段经济增长。西南地区推进县域尺度城镇化包括两方面内涵：第一，要加快城镇化步伐，为县域经济增长提供源源不断的动力；第二，以县域空间为推进城镇化的区域载体，逐步实现城

镇化。

一方面，加快城镇化步伐，加大城乡通组路建设，加大县城和乡镇、自然村组的联系，加大人员、信息、资源往来，提升城镇化率。走山地特色新型城镇化发展路线，继续加大户籍改革力度，吸引农业人口向城市转移，从农业向非农业及服务业等转移。另一方面，以县域空间为推进城镇化的区域载体，逐步实现城镇化。推进县域尺度城镇化是西南地区当前的较好选择。西南地区大中城市对农村人口的承载能力是有限的，紧张的土地用地、越来越严重的城市拥堵和环境污染，以及出现的城市边缘贫困和城市管理成本的增加都客观地呈现了这个情况，并且西南地区地形地貌决定了大城市推进新型城镇化难度很大，城市的空间受到自然条件的约束。相对于大城市而言，县域城镇化的门槛较低，在促进农村人口就业和农业现代化中能发挥重要作用。西南地区在城镇化过程中要做强城市、做活县城、做特乡镇，围绕乡镇和县城布局工业园区，吸引就近就业等。通过招商引资，在重点县域布局产业，吸引回流务工者就业，提供就业创业渠道，达到产城融合。

7.2.3　发挥多中心增长极的带动作用，优化城镇结构体系

西南地区城镇结构体系不合理，没有可以带动区域发展的增长极，省级中心的辐射力度也不够，小县城数量众多但发展不足，这样的城镇体系不仅阻碍了区域的协调发展，而且限制了县域经济增长。因此，从大城市、中小城市及贫困县三个角度入手，建立多中心增长极，是优化西南地区城镇结构体系的重要途径。

加快西南地区大城市发展，提升区域竞争力。西南地区的成渝城市群、黔中城市群、滇中城市群初具规模，但是与东部地区城市群相比，差距非常明显。要加强省会城市的发展，辐射更多的边缘地区；加强省会城市之间的要素流动，从基础设施、产业等方面展开合作，有效利用好中心城市的辐射带动作用。要充分发挥天府新区、滇中经济区、黔中经济区等的作用。

加强西南地区中小城市发展，促进稳定的"三角形"空间结构的形成。西南地区中小城市发展缓慢，特别是四省市中间地带发展缓慢，因此目前的"三角形"空间结构实际是空心的，只是通过交通动脉的带状联系。因此，加强省际中小城市的发展将为西南地区城市群的发展助力，同时会形成西南地区的多个"增长极"，如贵州以黔中城市群为增长极，毕节水城兴义联动发展，三洲带动发展的区域发展战略，正是在促进新的增长极形成。

加快边缘贫困县的发展，建立区位自信。贫困县处于城市和市场的边缘，本身竞争优势并不突出，要在准确定位中抓住比较优势，建立区位自信。目前虽然没有成为经济中心，也很难实现这个目标，但是在经济转型期，贫困县可以抓住机遇，建立区域生态中心、食品安全中心等。在逐步优化过程中，整合县域外要素市场，发展旅游资源、农畜产品资源，建立生态工业园区，抓住旅游市场，实现产业结构优化，以此实现由"边缘"到"中心"的过渡（见图7-1）。

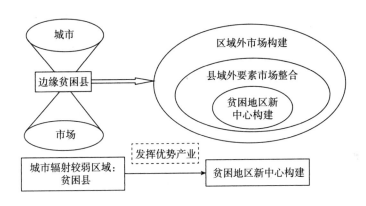

图7-1 县域中心城市建立的目标

7.2.4 培育特色优势产业的支撑作用，做大做强经济发展实力

城镇化以要素的空间集聚为典型特征，人口的聚集、市场的扩容、城镇的扩张、经济辐射功能的发挥均与产业的发展密切相关。如果不能有效地建立具有比较优势的产业，城镇就不可能产生经济要素和市场的聚集效应；如果没有中小企业的发展环境，城镇就无法发挥对劳动力的吸纳作用及解决转移人口后续生计问题，最终无法实现社会结构的现代化转型。

县域经济发展具有独特的历史和背景、人文环境、自然资源条件，没有可以照搬的发展模式，需要在比较优势的基础上，走特色的产业化道路。西南地区县域产业发展模式的选择应建立在对区域优势和外部市场需求的深入分析基础上，凸显自然资源、人力资本、历史文化等区域优势。

第一产业作为区域第二、第三产业发展的基础，它的准确定位直接影响到第二、第三产业的发展。西南地区贫困县发展传统农业不具备比较优势，要走绿色和生态农业道路。调整农业产业结构的目标，要走规模化、品牌化、市场化路线，要建成具有特色的农畜产品加工生产基地。中药材种植、生态养殖、有机蔬菜、特色饮品等都初具规模，并且有发展的潜力和巨大的市场需求。在建立起来的工业园区基础上，加快将农业向种养、加工、储运和商贸一体化方向发展，这同时能促进第二产业和服务业的发展。

工业是城镇化的根本动力，是城镇化进程中最为直接的产业支撑。随着要素成本的上升、土地资源的减少和环境承载力的约束，发达地区和大城市开始将部分产业向外转移，这为欠发达地区和大城市周边地区提供了依靠承接产业转移实现快速发展的机遇。资源丰富、城镇化潜力巨大的广袤的西南地区，将接力东部成为我国区域经济发展的新引擎，这是推动中国经济持续向好的中坚力量，也是中国区域经济发展的新常态。但是工业的发展对技术、资金、市场及区位有比较高的要求，发达地区基于技术垄断进而市场垄断成为国家技术标准的控制者，除了能获得直接经济利益外，实质上还控制和掌握了产业发展的方向和节奏，对跟进者构筑强大的技术壁垒，从而保持领先的竞争优势，使后进地区只能跟进，造成落后地区永远处于一种被动接受游戏规则的地位。西南地区贫困县要走生态工业化道路，着力构建比较优势突出、适应未来发展的新型工业体系，努力实现工业跨越发展；依托优势资源，在有效保护生态环境的前提下，加快发展农产品加工业、旅游产品加工业，以及借助水利优势，发展水电产业。

大力发展第三产业。西南地区旅游资源丰富，有美丽的自然风光和丰富的文化资源，并且占有区位优势。该地区不能满足于观光旅游、度假旅游带来的收入，而要尽快提升贫困县软实力，打造县域独特的形象，发展全域旅游、智慧旅游，建设国际旅游胜地。围绕建设国际旅游胜地目标，有效整合旅游资源，积极打造精品旅游景区，加快完善旅游设施和服务体系，全面振兴旅游业，塑造形象，打造名片，加大宣传力度。如，依托西南地区中药材的优势，发展西南地区大健康产业，"医养建管游食"六大体系有很大的市场空间。数据存储、交易和数据服务等受区位及地理环境的影响较小，西南地区大数据产业也有发展空间。西南地区县域往往是自然资源丰富的地区，农产品的加工和生产有比较优势，应充分发挥电商模式的作用，在物流、互联网的支持下，使第三产业的发展面向全国甚至更大的市场。

7.2.5 提高劳动力水平的创新作用，建立可持续人才发展机制

大量的劳动力是城市运行的前提，而人力资本的提升关系着城市的质量。西

南地区县域要发展自身比较优势，必须重视人力资本积累。婴幼童的营养健康问题、儿童的基础教育问题、青少年的辍学问题、青壮年教育水平低的问题在西南地区县域都非常严峻。西南地区劳动力投入对于县域经济增长的作用并不是很突出。西南地区要在劳动力就业、高等教育发展等方面进行提升。只有软实力提升了，才能更好地发挥交通网络和城镇化的作用。

西南地区劳动力教育程度偏低，导致收入偏低，需要通过基础文化素质教育、非农职业教育培训、建立可持续人才发展机制带动更多人就业和致富，加快西南地区城镇化和县域经济发展的步伐。一是创新基础教育发展模式。如成都七中的网校模式，创新了区域之间教育的关系，以成都七中为中心，已经辐射了四川省、贵州省、云南省等430多个贫困县的中小学，为西南地区县域的教育带来希望，逐渐缩小了区域的教育差距，并且这种模式可以推广到整个西南地区县域，特别是边缘贫困县。二是加强非农职业教育培训。农民工的知识结构水平和素质对于产业发展有直接作用，能够促进农业现代化，提高第二、第三产业生产效率等。三是建立可持续人才发展机制。不管是城市建设、产业优化还是经济发展，对人才都有较多和较高的需求，西南地区在引进人才、留住人才、培养人才等方面都要加大力度。

7.2.6 发挥政府主体作用，聚焦县域脱贫攻坚

对于西南地区来说，贫困县的发展是解决不平衡问题的关键，也是西南地区整体竞争力提升的关键，要充分发挥政府的主体作用，重点解决好贫困县的发展，实现基本公共服务的均等化。贫困县特别是贫困聚集的连片特困区，单纯依靠市场作用和自身力量很难实现发展，并且这些地区在2020年实现脱贫后，区域性贫困和发展滞后依然客观存在。西南地区县域经济发展和扶贫开发更需要发挥中国社会主义的制度优势，需要国家给予重点扶持，在政府帮助下建立长效经济增长机制。

第一，完善公共服务基础设施。公共基础设施是城镇化的基础，也是县域经济发展的基础，西南地区贫困县财政收入较少，靠县级财政完善公共基础设施难度大，需要政府的支持。加大基础设施建设，如交通、安全饮用水，补齐发展短板，提升可持续发展能力，提供社会保障，如医疗、教育、住房等。第二，创造招商引资的条件。贫困地区处于网络边缘，一般而言，政府在贫困地区中的作用大于在其他区域中的作用，政府要发挥扶贫的主体作用，带动企业、社会的积极

参与。贫困地区从空间分布来看，多位于省际边缘，区位条件差，外来企业进驻积极性不高，需要政府创造条件，因地制宜发展优势产业，塑造区域形象，产业发展才能最终达到脱贫的目的。很多企业在政府带动下积极参与了扶贫工作，如万达帮扶贵州丹寨县、恒大帮扶毕节大方县、中航集团等央企帮扶安顺县。扶贫的体制是个人、政府、社会三位一体的大扶贫格局。第三，制定差异化扶贫政策。西南地区县域经济发展差异大，哪些地区需要重点扶贫、哪些地区需要带动发展都很大程度上依赖政府规划和政策。区域政策的差异化与精确瞄准就更需要政府大量的物力和人力投入。

7.2.7 提高城市群互联互通作用，促进区域协调发展

县域经济不是独立的单元，在现代网络化发展趋势下，每个地区都处于有机的联系之中。随着交通、物流、信息、互联网的发展，空间网络正在逐步形成和完善，这给西南地区县域发展提供了机遇，相对地理空间缩短，产品的需求和交换变得容易，知识的溢出效应越来越大。网络发展的方向成为区域的最终选择，西南地区县域要在交通网络的支撑下创新渠道，增强与外界的联系。交通网络化发展会使区域整体利益大于部分之和，整体会因区域之间的互相连接表现出新的特性，这种特性是单个地区不具备，只有整体才能有的特性。作为网络中的成员，区域之间必须合作才能获得更好的发展，历史已经证明了这个观点。

一是要促进城市群的形成。城市群是城镇化高级阶段的城市空间形态。根据西南地区经济空间的异质性，城市群也应该是差异化的发展状态，其中成渝城市群发展得较好，但仍处于极化状态，对其他地区的辐射作用不强，滇中城市群、黔中城市群还处于比较孤立的状态，城市群之间的经济联系较少。"十三五"规划中明确提出了城市群对中国区域空间发展的重要性，加强西南地区城市群之间的协调发展是西南地区区域竞争力提升的有效办法。构建城市群之间的带状联通机制，通过交通先行，为要素的流动和市场的形成提供条件。增强城市群内城市之间的分工协作，加快西南地区县域发展，缩小区域差距，实现区域经济协调发展。

二是要建立更加有效的区域协调发展新机制。协调发展机制是解决西南地区发展不平衡、不充分矛盾的重要举措。在开放的环境下，每个县与区域外市场关系非常密切，对外部市场依赖度非常高。县内资源有限，并且区内的需求不足以满足区域主导产业的发展，西南地区贫困县的经济要发展，需要加强与周边地区

的合作，需要整合更多的区外资源，融合于大市场中，打造共同的、更好的区域形象，这才是科学的发展观。区域协调发展战略不是单纯地追求地区间经济发展差距的缩小，而是追求区域间按比较优势形成分工协作格局、生产要素跨区域自由有序流动与市场一体化。

参考文献

［1］艾彬，徐建华，岳文泽，刘小平．湖南省城市空间关联研究［J］．地域研究与开发，2004（6）：48－52.

［2］安虎森．增长极形成机制及增长极与外围区的关系［J］．南开学报（哲学社会科学版），2007（4）：90－101.

［3］蔡彬彬．空间网络化理论与实践［D］．华中师范大学硕士学位论文，1999.

［4］曹小曙，徐建斌．中国省际边界区县域经济格局及影响因素的空间异质性［J］．地理学报，2018，73（6）：1065－1075.

［5］曹小曙，阎小培．经济发达地区交通网络演化对通达性空间格局的影响——以广东省东莞市为例［J］．地理研究，2003（3）：305－312.

［6］岑迪，周剑云．基于"流—空间"理论的珠三角区域空间转型研究［J］．城市观察，2016（3）：67－77.

［7］曾菊新．现代城乡网络化发展模式［M］．北京：科学出版社，2001.

［8］陈斌开，林毅夫．发展战略、城市化与中国城乡收入差距［J］．中国社会科学，2013（4）：81－102，206.

［9］陈斌开，张鹏飞，杨汝岱．政府教育投入、人力资本投资与中国城乡收入差距［J］．管理世界，2010（1）：36－43.

［10］陈飞，卢建词．收入增长与分配结构扭曲的农村减贫效应研究［J］．经济研究，2014，49（2）：101－114.

［11］陈建东，戴岱．加快城镇化进程与改善我国居民的收入不平等［J］．财政研究，2011（2）：48－52.

［12］陈建先．空间计量经济学文献综述［A］．21世纪数量经济学（第12卷）［C］．2011.

［13］陈明星，陆大道，刘慧．中国城市化与经济发展水平关系的省际格局

［J］．地理学报，2010，65（12）：1443－1453．

［14］陈裴．区域空间经济关联模式分析——理论与实证研究［M］．北京：中国社会科学出版社，2008．

［15］陈锡文．我国农业和农村经济的改革和发展［J］．经济社会体制比较，2001（1）：1－3，18．

［16］陈彦光．交通网络与城市化水平的线性相关模型［J］．人文地理，2004（1）：62－65．

［17］陈瑜，左停，苟天来．县域经济研究概况综述［J］．经济论坛，2006（23）：28－31．

［18］陈悦，陈超美，刘则渊，胡志刚，王贤文．CiteSpace 知识图谱的方法论功能［J］．科学学研究，2015（2）：242－253．

［19］程玉鸿，陈利静．城市网络视角的城市竞争力解构［J］．经济学家，2012（8）：72－79．

［20］仇方道，朱传耿，佟连军，杨如树．淮海经济区县域经济差异变动的空间分析［J］．地理科学，2009，29（1）：56－63．

［21］崔万田，何春．城镇化的农村减贫效应：理论机制与实证检验［J］．经济科学，2018（4）：89－102．

［22］崔长彬，姜石良，张正河．河北县域经济影响因素的空间差异分析——基于贝叶斯地理加权回归方法［J］．经济地理，2012，32（2）：39－45．

［23］戴宏伟，丁建军．社会资本与区域产业集聚：理论模型与中国经验［J］．经济理论与经济管理，2013（2）：86－99．

［24］戴宏伟．产业梯度产业双向转移与中国制造业发展［J］．经济理论与经济管理，2006（12）：45－50．

［25］单卓然，黄亚平．"新型城镇化"概念内涵、目标内容、规划策略及认知误区解析［J］．城市规划学刊，2013（2）：16－22．

［26］丁建军，周书应．武陵山片区城镇化减贫效应的空间异质性——基于SDE 与 GWR 的视角［J］．中南民族大学学报（人文社会科学版），2018，38（2）：78－83．

［27］杜挺，谢贤健，梁海艳，黄安，韩全芳．基于熵权 TOPSIS 和 GIS 的重庆市县域经济综合评价及空间分析［J］．经济地理，2014，34（6）：40－47．

［28］段瑞君，安虎森．中国城市化和经济增长关系的计量分析［J］．经济

问题探索，2009（3）：26-30.

［29］范剑勇，朱国林．中国地区差距演变及其结构分解［J］．管理世界，2002（7）：37-44.

［30］方创琳，刘海燕．快速城市化进程中的区域剥夺行为与调控路径［J］．地理学报，2007（8）：849-860.

［31］方大春，孙明月．高铁时代区域空间结构重构研究［J］．当代经济管理，2014，36（2）：63-66.

［32］方远平，谢蔓．创新要素的空间分布及其对区域创新产出的影响——基于中国省域的 ESDA-GWR 分析［J］．经济地理，2012，32（9）：8-14.

［33］傅鹏，张鹏，周颖．多维贫困的空间集聚与金融减贫的空间溢出——来自中国的经验证据［J］．财经研究，2018，44（2）：115-126.

［34］高晓光．中国高技术产业创新效率影响因素的空间异质效应——基于地理加权回归模型的实证研究［J］．世界地理研究，2016，25（4）：122-131.

［35］高鑫，修春亮，魏冶．城市地理学的"流空间"视角及其中国化研究［J］．人文地理，2012，27（4）：32-36，160.

［36］高自友，赵小梅，黄海军，毛保华．复杂网络理论与城市交通系统复杂性问题的相关研究［J］．交通运输系统工程与信息，2006（3）：41-47.

［37］辜胜阻，李华，易善策．推动县域经济发展的几点新思路［J］．经济纵横，2010（2）：34-38.

［38］顾朝林，赵晓斌．中国区域开发模式的选择［J］．地理研究，1995（4）：8-22.

［39］郭腾云，董冠鹏．基于 GIS 和 DEA 的特大城市空间紧凑度与城市效率分析［J］．地球信息科学学报，2009，11（4）：482-490.

［40］韩悦臻，尚春青．交通运输与经济发展关联性分析［J］．公路，2008（9）：345-349.

［41］何兴邦．城镇化对中国经济增长质量的影响——基于省级面板数据的分析［J］．城市问题，2019（1）：4-13.

［42］胡安俊，孙久文．空间计量——模型、方法与趋势［J］．世界经济文汇，2014（6）：111-120.

［43］胡鞍钢，刘生龙．交通运输、经济增长及溢出效应——基于中国省际数据空间经济计量的结果［J］．中国工业经济，2009（5）：5-14.

［44］黄金川，方创琳．城市化与生态环境交互耦合机制与规律性分析［J］．地理研究，2003（2）：211 – 220.

［45］黄毅，韩琳玉．新型城镇化视角下民族地区反贫困问题研究［J］．农村经济，2015（6）：67 – 71.

［46］戴晓峰，姜莉，陈方．云南省县域城镇化与交通优势度的时空协同性演化分析［J］．地理科学，2017，37（12）：1875 – 1884.

［47］江雨珊，戴晓峰，陈方．滇西集中连片特困地区县域贫困的时空演变特征及形成机制［J］．资源开发与市场，2019，35（2）：222 – 228.

［48］姜爱林．城镇化水平的五种测算方法分析［J］．中央财经大学学报，2002（8）：76 – 80.

［49］金碚，陈耀，张可云，喻新安．建立更加有效的区域协调发展新机制［J/OL］．区域经济评论，2019（1）：1 – 12.

［50］金凤君．基础设施与经济社会空间组织［M］．北京：科学出版社，2013.

［51］金煜，陈钊，陆铭．中国的地区工业集聚：经济地理、新经济地理与经济政策［J］．经济研究，2006（4）：79 – 89.

［52］柯善咨，夏金坤．中原城市群的集聚效应和回流作用［J］．中国软科学，2010（10）：93 – 103.

［53］柯善咨．中国中西部发展中城市的增长极作用［J］．地理研究，2010，29（3）：521 – 534.

［54］李恒．人口集中、城市群对经济增长作用的实证分析——以中国十大城市群为例［J］．河南大学学报（社会科学版），2019，59（1）：43 – 52.

［55］李杰，陈超美．Citespace：科技文本挖掘及可视化［M］．北京：首都经贸大学出版社，2016.

［56］李金昌，程开明．中国城市化与经济增长的动态计量分析［J］．财经研究，2006（9）：19 – 30.

［57］李婧，谭清美，白俊红．中国区域创新生产的空间计量分析——基于静态与动态空间面板模型的实证研究［J］．管理世界，2010（7）：43 – 55，65.

［58］李敬，陈澍，万广华，付陈梅．中国区域经济增长的空间关联及其解释——基于网络分析方法［J］．经济研究，2014（11）：4 – 16.

［59］李楠．铁路发展与移民研究——来自1891～1935年中国东北的自然实

验证据［J］.中国人口科学，2010（4）：54 - 66，111 - 112.

［60］李强，陈宇琳，刘精明.中国城镇化"推进模式"研究［J］.中国社会科学，2012（7）：82 - 100，204 - 205.

［61］李泉.中国县域经济发展40年：经验与启示［J/OL］.石河子大学学报（哲学社会科学版），2019（1）：1 - 2.

［62］李夏苗，曾明华.交通网络演化规律［M］.上海：同济大学出版社，2010.

［63］李小建，乔家君.20世纪90年代中国县际经济差异的空间分析［J］.地理学报，2001（2）：136 - 145.

［64］李小建.外商直接投资对中国沿海地区经济发展的影响［J］.地理学报，1999（5）：420 - 430.

［65］李小三，徐鸣.关于县域经济的理论思考［J］.江西社会科学，2000（3）：84 - 89.

［66］李新光，黄安民.高铁对县域经济增长溢出效应的影响研究——以福建省为例［J］.地理科学，2018，38（2）：233 - 241.

［67］李鑫，郭进利，张禹.三大城市群的高速铁路网络特征对比分析——基于复杂网络视角［J］.资源开发与市场，2016，32（6）：703 - 707.

［68］李永友，沈坤荣.财政支出结构、相对贫困与经济增长［J］.管理世界，2007（11）：14 - 26，171.

［69］厉以宁.区域发展新思路［M］.北京：经济日报出版社，2000.

［70］蔺雪芹，王岱，任旺兵，刘一丰.中国城镇化对经济发展的作用机制［J］.地理研究，2013，32（4）：691 - 700.

［71］凌耀初.中国县域经济发展分析［J］.上海经济研究，2003（12）：3 - 11.

［72］刘福刚.拉动县域经济快速发展的核心动力——谈新阶段农业产业化经营［A］.中共安徽省委组织部，安徽省委政策研究室，安徽省政府政策研究室，安徽省科学技术协会，2004.

［73］刘宏鲲，周涛.中国城市航空网络的实证研究与分析［J］.物理学报，2007（1）：106 - 112.

［74］刘军.社会网络分析导论［M］.北京：社会科学文献出版社，2004.

［75］刘俊杰.新时期县域经济发展的动力转换分析［A］.广西市场经济

研究会, 2005.

[76] 刘立平, 朱婷婷. 基于引力模型的中部六省承接东部地区加工贸易产业转移比较研究 [J]. 安徽工业大学学报 (社会科学版), 2011, 28 (1): 3 – 5.

[77] 刘瑞娟. 基于空间视角的区域联系分析 [D]. 长安大学硕士学位论文, 2014.

[78] 刘生龙, 胡鞍钢. 基础设施的外部性在中国的检验: 1988 – 2007 [J]. 经济研究, 2010, 45 (3): 4 – 15.

[79] 刘彦随, 杨忍. 中国县域城镇化的空间特征与形成机理 [J]. 地理学报, 2012, 67 (8): 1011 – 1020.

[80] 刘彦随, 周扬, 刘继来. 中国农村贫困化地域分异特征及其精准扶贫策略 [J]. 中国科学院院刊, 2016, 31 (3): 269 – 278.

[81] 刘耀彬, 李仁东, 宋学锋. 中国城市化与生态环境耦合度分析 [J]. 自然资源学报, 2005 (1): 105 – 112.

[82] 刘铮, 曹苑达. 城镇化进程中新增城镇贫困人口问题研究——以上海郊区为例 [J]. 毛泽东邓小平理论研究, 2015 (2): 40 – 44, 92.

[83] 柳坤, 申玉铭. 国内外区域空间相互作用研究进展 [J]. 世界地理研究, 2014, 23 (1): 73 – 83.

[84] 龙花楼, 屠爽爽, 戈大专. 新型城镇化对扶贫开发的影响与应对研究 [J]. 中国科学院院刊, 2016, 31 (3): 309 – 319.

[85] 卢明华, 孙铁山, 李国平. 网络城市研究回顾: 概念、特征与发展经验 [J]. 世界地理研究, 2010 (4): 113 – 120.

[86] 陆大道, 姚士谋, 刘慧等. 2006 中国区域发展报告: 城镇化进程及空间扩张 [M]. 北京: 商务印书馆, 2007.

[87] 陆大道. 空间结构理论与区域发展 [J]. 科学, 1989 (2): 108 – 111, 159.

[88] 陆铭, 陈钊. 城市化、城市倾向的经济政策与城乡收入差距 [J]. 经济研究, 2004 (6): 50 – 58.

[89] 陆铭. 城市、区域和国家发展——空间政治经济学的现在与未来 [J]. 经济学 (季刊), 2017, 16 (4): 1499 – 1532.

[90] 陆玉麒. 双核型空间结构模式的探讨 [J]. 地域研究与开发, 1998

(4)：45－49.

[91] 罗家德. 网络理论、产业网络与技术扩散 [J]. 管理评论, 2003 (1)：27－31, 63.

[92] 罗俊, 马燕坤. 基于城镇化视角的环京津贫困带减贫研究 [J]. 经济师, 2015 (2)：65－66, 68.

[93] 罗鹏飞, 徐逸伦, 张楠楠. 高速铁路对区域可达性的影响研究——以沪宁地区为例 [J]. 经济地理, 2004 (3)：407－411.

[94] 马荣华, 顾朝林, 蒲英霞, 马晓冬, 朱传耿. 苏南沿江城镇扩展的空间模式及其测度 [J]. 地理学报, 2007 (10)：1011－1022.

[95] 马伟, 王亚华, 刘生龙. 交通基础设施与中国人口迁移：基于引力模型分析 [J]. 中国软科学, 2012 (3)：69－77.

[96] 马学广, 李贵才. 世界城市网络研究方法论 [J]. 地理科学进展, 2012 (2)：255－263.

[97] 梅志雄, 徐颂军, 欧阳军, 史策. 近20年珠三角城市群城市空间相互作用时空演变 [J]. 地理科学, 2012, 32 (6)：694－701.

[98] 苗洪亮, 周慧. 城际联系强度对城市群经济效率的影响：对中国十大城市群的实证分析 [J]. 产经评论, 2018, 9 (5)：139－152.

[99] 苗长虹, 王海江. 河南省城市的经济联系方向与强度——兼论中原城市群的形成与对外联系 [J]. 地理研究, 2006 (2)：222－232.

[100] 牛文元. 生态系统的空间分布 [J]. 生态学报, 1984 (4)：299－309.

[101] 潘文卿. 中国的区域关联与经济增长的空间溢出效应 [J]. 经济研究, 2012, 47 (1)：54－65.

[102] 庞瑞秋, 腾飞, 魏冶. 基于地理加权回归的吉林省人口城镇化动力机制分析 [J]. 地理科学, 2014, 34 (10)：1210－1217.

[103] 彭宝玉, 覃成林. 河南县域经济实力评价及空间差异分析 [J]. 地域研究与开发, 2007 (1)：45－49.

[104] 彭翀, 常黎丽. 湖南省县域城镇化时空格局及其经济发展相关性研究 [J]. 经济地理, 2013, 33 (8)：73－78.

[105] 蒲英霞, 葛莹, 马荣华, 黄杏元, 马晓冬. 基于ESDA的区域经济空间差异分析——以江苏省为例 [J]. 地理研究, 2005 (6)：965－974.

［106］谯博文，王艳慧，段福洲．连片特困区交通优势度评价及其与贫困关系研究——以武陵山片区及其周边四省为例［J］．资源开发与市场，2014，30（8）：924－928，1025．

［107］阮荣平，郑风田，刘力．信仰的力量：宗教有利于创业吗？［J］．经济研究，2014，49（3）：171－184．

［108］桑曼乘，覃成林．国外区域经济研究的一个新趋势——区域经济网络研究［J］．人文地理，2014，29（3）：28－34．

［109］桑曼乘．区域经济网络的增长效应研究［D］．暨南大学博士学位论文，2015．

［110］沈丽珍，顾朝林，甄锋．流动空间结构模式研究［J］．城市规划学刊，2010（5）：26－32．

［111］沈丽珍，顾朝林．区域流动空间整合与全球城市网络构建［J］．地理科学，2009，29（6）：787－793．

［112］司明．空间经济网络的作用机理及效应研究［D］．南开大学博士学位论文，2014．

［113］宋效中，贾谋，骆宏伟．中国县域经济发展的三大模式［J］．河北学刊，2010，30（3）：136－139．

［114］宋元梁，肖卫东．中国城镇化发展与农民收入增长关系的动态计量经济分析［J］．数量经济技术经济研究，2005（9）：31－40．

［115］苏方林．基于地理加权回归模型的县域经济发展的空间因素分析——以辽宁省县域为例［J］．学术论坛，2005（5）：81－84．

［116］苏雪串．城市化进程中的要素集聚、产业集群和城市群发展［J］．中央财经大学学报，2004（1）：49－52．

［117］孙东琪，张京祥，胡毅，周亮，于正松．基于产业空间联系的"大都市阴影区"形成机制解析——长三角城市群与京津冀城市群的比较研究［J］．地理科学，2013，33（9）：1043－1050．

［118］孙久文，姚鹏．空间计量经济学的研究范式与最新进展［J］．经济学家，2014（7）：27－35．

［119］孙久文，周玉龙．什么影响了县域城镇化？——基于城乡差距视角的研究［J］．甘肃社会科学，2014（6）：163－167．

［120］孙中伟，路紫．流空间基本性质的地理学透视［J］．地理与地理信

息科学，2005（1）：109－112.

[121] 覃成林．论区际经济关系与区域经济协调发展［J］．经济纵横，1996（11）：22－25.

[122] 覃文忠，王建梅，刘妙龙．地理加权回归分析空间数据的空间非平稳性［J］．辽宁师范大学学报（自然科学版），2005（4）：476－479.

[123] 汤黎明，魏冀明，赵渺希．区域旅游线路的复杂网络特征——以福建省为例［J］．旅游学刊，2014，29（6）：57－66.

[124] 唐子来，李涛，李粲．中国主要城市关联网络研究［J］．城市规划，2017（1）：28－39.

[125] 万广华．2030年：中国城镇化率达到80%［J］．国际经济评论，2011（6）：5，99－111.

[126] 万广华．城镇化与不均等：分析方法和中国案例［J］．经济研究，2013，48（5）：73－86.

[127] 汪淳，陈璐．基于网络城市理念的城市群布局——以苏锡常城市群为例［J］．长江流域资源与环境，2006（6）：797－801.

[128] 汪明峰，高丰．网络的空间逻辑：解释信息时代的世界城市体系变动［J］．国际城市规划，2007（2）：36－41.

[129] 汪三贵，王彩玲．交通基础设施的可获得性与贫困村劳动力迁移——来自贫困村农户的证据［J］．劳动经济研究，2015，3（6）：22－37.

[130] 汪小帆，李翔，陈关荣．网络科学导论［M］．北京：高等教育出版社，2012.

[131] 王超超．西南地区县域贫困村空间分布格局及致贫机制研究［D］．重庆师范大学硕士学位论文，2016.

[132] 王国刚．城镇化：中国经济发展方式转变的重心所在［J］．经济研究，2010，45（12）：70－81，148.

[133] 王冀平．从缪尔达尔"循环积累因果理论"看"环京津贫困带"问题［J］．经济论坛，2012（2）：19－24.

[134] 王立平，任志安．空间计量经济学研究综述［J］．湖南财经高等专科学校学报，2007（6）：25－28.

[135] 王利，蔡乐，王红燕，任启龙．山西省县域经济发展影响因素的空间异质性研究——基于地理加权回归（GWR）模型［J］．资源开发与市场，2014，

30 （2）：152 – 155，166.

[136] 王鹏飞，彭虎锋. 城镇化发展影响农民收入的传导路径及区域性差异分析——基于协整的面板模型 [J]. 农业技术经济，2013 （10）：73 – 79.

[137] 王青云. 县域经济发展的理论与实践 [M]. 北京：商务印书馆，2003.

[138] 王少剑，王洋，赵亚博. 1990 年来广东区域发展的空间溢出效应及驱动因素 [J]. 地理学报，2015，70 （6）：965 – 979.

[139] 王霄鹏，林爱文. 近十年来湖北省县域经济影响因子变化的分析——基于地理加权回归方法 [J]. 测绘与空间地理信息，2018，41 （10）：145 – 149.

[140] 王一鸣. 对发展县域经济的几点认识 [J]. 宏观经济研究，2002 （12）：11 – 12，28.

[141] 韦米佳. 中国宏观经济内生增长因素分析——基于地理加权回归 （GWR） 模型的实证分析 [J]. 中国经济问题，2009 （3）：24 – 30.

[142] 魏后凯. 现代区域经济学 [M]. 北京：经济管理出版社，2011.

[143] 吴玉鸣，李建霞. 基于地理加权回归模型的省域工业全要素生产率分析 [J]. 经济地理，2006 （5）：748 – 752.

[144] 吴玉鸣. 县域经济增长集聚与差异：空间计量经济实证分析 [J]. 世界经济文汇，2007 （2）：37 – 57.

[145] 伍骏骞. 经济集聚对农民增收与农村减贫的直接影响和空间溢出效应研究——来自浙江省的证据 [D]. 浙江大学博士学位论文，2014.

[146] 谢光辉，熊小兰. 中国经济地理 （第三版） [M]. 北京：中国参政经济出版社，2006.

[147] 徐旳，陆玉麒. 高等级公路网建设对区域可达性的影响——以江苏省为例 [J]. 经济地理，2004 （6）：830 – 833.

[148] 徐银凤，汪德根. 中国城市空间结构的高铁效应研究进展与展望 [J]. 地理科学进展，2018，37 （9）：1216 – 1230.

[149] 闫恩虎. 城镇化与县域经济发展的关系研究 [J]. 开发研究，2011 （3）：30 – 33.

[150] 闫恩虎. 当前中国县域经济发展的经验模式探析 [J]. 经济与管理，2009，23 （6）：9 – 14.

［151］杨传开，张凡，宁越敏．山东省城镇化发展态势及其新型城镇化路径［J］．经济地理，2015，35（6）：54－60.

［152］杨慧敏，罗庆，李小建．河南省县域贫困程度及影响因素分析［J］．人文地理，2017，32（5）：48－55.

［153］杨开忠，薛领．复杂区域科学：21世纪的区域科学［J］．地球科学进展，2002（1）：5－11.

［154］杨开忠．经济地理重塑与空间治理结构的完善［J］．区域经济评论，2018（5）：16－18.

［155］杨涛，过秀成．城市交通可达性新概念及其应用研究［J］．中国公路学报，1995（2）：25－30，73.

［156］杨吾扬，王富年．铁路网的发展和分布［J］．中学地理教学参考，1984（1）：7－10.

［157］姚士谋，顾朝林，Kamwing Cheng．南京大都市空间演化与地域结构发展策略［J］．地理学与国土研究，2001（3）：7－11.

［158］姚士谋，王书国，陈爽，陈振光．区域发展中"城市群现象"的空间系统探索［J］．经济地理，2006（5）：726－730.

［159］叶阿忠等．空间计量经济学［M］．厦门：厦门大学出版社，2015.

［160］于涛，陈昭，朱鹏宇．高铁驱动中国城市郊区化的特征与机制研究——以京沪高铁为例［J］．地理科学，2012，32（9）：1041－1046.

［161］战炤磊．中国县域经济发展模式的分类特征与演化路径［J］．云南社会科学，2010（3）：109－113.

［162］张闿，孟韬．中国城市间流通网络及其层级结构——基于中国连锁企业百强店铺分布的网络分析［J］．财经问题研究，2007（5）：34－41.

［163］张洪力．县域经济发展模式的理性思考［J］．中州学刊，2006（4）：59－61.

［164］张京祥，崔功豪．后现代主义城市空间模式的人文探析［J］．人文地理，1998（4）：25－29.

［165］张京祥，崔功豪．区域与城市研究领域的拓展：城镇群体空间组合［J］．城市规划，1999（6）：36－38，45，63.

［166］张娟娟，米文宝，郑芳，郭永杰．宁夏县域经济空间联系研究［J］．干旱区资源与环境，2015，29（7）：47－53.

［167］张可云，王裕瑾，王婧．空间权重矩阵的设定方法研究［J］．区域经济评论，2017（1）：19-25.

［168］张可云，杨孟禹．国外空间计量经济学研究回顾、进展与述评［J］．产经评论，2016，7（1）：5-21.

［169］张可云．论中国区域经济的新常态［J］．区域经济评论，2015（2）：2，5-9.

［170］张可云．贫困地区经济发展中的政府作用和政策研究［J］．宁夏社会科学，1990（6）：48-53.

［171］张莉．可达性与区域空间结构［M］．北京：科学出版社，2013.

［172］张苏．宏观经济学［M］．北京：清华大学出版社，2014.

［173］张文尝，金凤君，荣朝和，唐秀芬．空间运输联系——理论研究·实证分析·预测方法［M］．北京：中国铁道出版社，1992.

［174］张五常．中国的经济制度［M］．北京：中信出版社，2012.

［175］张宪平，刘靖宇．城镇化发展与县域经济增长关系的实证分析［J］．生产力研究，2008（2）：49-50.

［176］张学波，陈思宇，廖聪，宋金平．京津冀地区经济发展的空间溢出效应［J］．地理研究，2016，35（9）：1753-1766.

［177］张学良．交通基础设施、空间溢出与区域经济增长［M］．南京：南京大学出版社，2009.

［178］张学良．中国交通基础设施促进了区域经济增长吗——兼论交通基础设施的空间溢出效应［J］．中国社会科学，2012（3）：60-77，206.

［179］张耀军，任正委．基于地理加权回归的山区人口分布影响因素实证研究——以贵州省毕节地区为例［J］．人口研究，2012，36（4）：53-63.

［180］赵璐，赵作权．基于特征椭圆的中国经济空间分异研究［J］．地理科学，2014，34（8）：979-986.

［181］赵伟．县域经济发展模式：基于产业驱动的视角［J］．武汉大学学报（哲学社会科学版），2007（4）：481-486.

［182］赵莹雪．广东省县际经济差异与协调发展研究［J］．经济地理，2003（4）：467-471.

［183］赵月，杜文，陈爽．复杂网络理论在城市交通网络分析中的应用［J］．城市交通，2009，7（1）：57-65.

［184］赵作权. 空间格局统计与空间经济分析［M］. 北京：科学出版社，2014.

［185］郑蔚. 基于复杂性理论的城市经济网络研究进展与展望［J］. 地理科学进展，2015，34（6）：676－686.

［186］郑长德. 不发达地区如何突破核心—边缘困境［J］. 区域经济评论，2013（5）：15－22.

［187］郑长德. 集聚与贫困：来自四川建档立卡贫困县的证据［J］. 西南民族大学学报（人文社科版），2017，38（10）：108－116.

［188］郑长德. 空间经济学与中国区域发展：理论与实证研究［M］. 北京：经济科学出版社，2014.

［189］郑长德. 中国民族地区自我发展能力构建研究［J］. 民族研究，2011（4）：15－24，107.

［190］周春山. 城市空间结构与形态［M］. 北京：科学出版社，2007.

［191］周加来. 城市化·城镇化·农村城市化·城乡一体化——城市化概念辨析［J］. 中国农村经济，2001（5）：40－44.

［192］周一星，胡智勇. 从航空运输看中国城市体系的空间网络结构［J］. 地理研究，2002（3）：276－286.

［193］周一星. 城市地理学［M］. 北京：商务印书馆，1997.

［194］周一星. 城市化与国民生产总值关系的规律性探讨［J］. 人口与经济，1982（1）.

［195］朱孔来，李静静，乐菲菲. 中国城镇化进程与经济增长关系的实证研究［J］. 统计研究，2011，28（9）：80－87.

［196］朱永凤，瓦哈甫·哈力克，何琛. 基于 GWR 模型新疆旅游景区空间异质性与优化策略研究［J］. 湖南师范大学自然科学学报，2017，40（6）：1－8.

［197］曼纽尔·卡斯特. 网络社会的崛起［M］. 夏铸九，王志弘等译. 北京：社会科学文献出版社，2001.

［198］霍恩比. 牛津高阶英汉双解词典（第 8 版）［M］. 北京：商务印书馆，2014.

［199］藤田长久，保罗·克鲁格曼，安东尼·J. 维纳伯尔斯. 空间经济学：城市、区域与国际贸易［M］. 梁琦译. 北京：中国人民大学出版社，2011.

［200］Nicholas A. Christakis. 大连接：社会网络是如何形成的以及对人类现实行为的影响［M］. 简学译. 北京：中国人民大学出版社，2012.

［201］詹姆斯·勒沙杰，R. 凯利·佩斯. 空间计量经济学导论［M］. 肖光恩，杨勇，熊灵，魏伟译. 北京：北京大学出版社，2014.

［202］Allen W. B. Value Capture in Transit［J］. Journal of the Transportation Research Forum, 1987, 28 (1)：24 - 27.

［203］Anselin L. Lagrange Multiplier Test Diagnostics for Spatial Dependence and Spatial Heterogeneity［J］. Geographical Analysis, 1988b, 20 (1)：1 - 17.

［204］Anselin L. Spatial Econometrics：Methods and Models［J］. Studies in Operational Regional Science, 1988a, 85 (411)：310 - 330.

［205］Au C. C. , J. V. Henderson. Are Chinese Cities Too Small［J］. Review of Economic Studies, 2006a, 73 (3)：549 - 576.

［206］Behrens K. International Integration and Regional Inequalities：How Important National Infrastructure?［R］. CORE Discussion Paper, 2004：66.

［207］Behrens K. , J. F. Thisse. Regional Economics：A New Economic Geography Perspective［J］. Regional Science and Urban Economics, 2007, 37 (4)：457 - 465.

［208］Berry B. J. L. City Classification Handbook：Methods and Applications［M］. New York：John Wiley & Sons, 1970.

［209］Black J. V. , Hendeeson. A Theory of Urban Growth［J］. Journal of Political Economy, 1999, 107 (2)：252 - 284.

［210］Borensztein E. , Gregorio Lee. How Does Foreign Direct Investment Affect Economic Growth? ［J］. Journal of International Economics, 1998 (45)：115 - 135.

［211］Charles R. H. , Esra B. , Sylaja S. Infrastructure, Externalities, and Economic Development：A Study of the India Manufacturing Industry［J］. World Bank Economic Review, 2006, 20 (2).

［212］Chen A. , Partridge M. D. When are Cities Engines of Growth in China? Spread and Back Wash Effects across the Urban Hierarchy［J］. Regional Studies, 2013, 47 (8)：1313 - 1331.

［213］Choi J. H. , Barnett G. A. , Chon Bum Soo. Comparing World City Networks: A Network Analysis of Internet Backbone and Air Transport Intercity Linkages [J]. Global Networks, 2006, 6 (1): 81 – 89.

[214] Coulombe H. , Lanjouw P. Poverty, Access to Services and City Size in a Selection of African Countries, Mimeo, the World Bank [R] . 2013.

[215] D. T. Yang. Urban – Biased Policies and Rising Income Inequality in China [J] . The American Economic Review, 1999, 89 (2): 306 – 310.

[216] Dematteis G. Towards a Unified Metropolitan Urban System in Europe: Core Centrality versus Network [J] . Urban Networks in Europe. John Libbey, EUROTEXT, 1996: 19 – 28.

[217] Derudder B. , Taylor P. , Ni P. , et al. Path Ways of Change: Shifting Connectivities in the World City Network, 2000 – 2008 [J] . Urban Studies, 2010, 47 (9): 1861 – 1877.

[218] Dixit A. , J. Stiglitz. Monopolistic Competition and Optimum Product Diversity [J] . American Economic Review, 1977, 63 (3): 297 – 308.

[219] Duranton G. , D. Puga. From Sectoral to Functional Urban Specialisation [J] . Journal of Urban Economics, 2005, 57 (2): 343 – 370.

[220] Elhorst J. Spatial Econometrics: From Cross sectional Data to Spatial Panels [M] . Berlin, New York, Dordrecht, London: Springer, 2014b.

[221] Fotheringham A. S. , Brunsdom C. , Charlton M. Geographically Weighted Regression [M] . Chinchester: John Wiley and Sons, 2002.

[222] Fotheringham A. S. Trends in Quantitative Methods I: Stressing the Local [J] . Progress in Human Geography, 1997, 21 (1): 88 – 96.

[223] Freeman L. Case of Measure of Centrality Based on Betweenness [J]. Sociometry, 1997, 40 (1): 35 – 41.

[224] Froidh O. Market Effects of Regional High – speed Trains on the Sveatland Line [J] . Journal of Transport Geography, 2005, 13 (4): 352 – 361.

[225] Fujita M. , P. Krugman, A. Venables. The Spatial Economy: Cities, Regions and International Trade [M] . Cambridge, Massachusetts: The MIT Press, 1999.

[226] Gallup J. I. , J. D. Sachs, A. D. Mellinger. Geography and Economic Development [J] . International Regional Science Review, 1999, 22 (2): 179 – 232.

[227] Gutierrezz J. , Urbano P. Accessibility in the European Union: The Impact of the Trans – European Road Network [J] . Journal of Transport Geography, 1996, 4 (1): 15 – 25.

[228] Hansen W. G. How Accessibility Shapes Land Use [J] . Journal of the A-merican Planning Association, 1959, 25 (2): 37 – 41.

[229] Henderson J. V. The Urbanization Process and Economic Growth: The So – what Question [J] . Journal of Economic Growth, 2003, 8 (1): 47 – 71.

[230] Henderson J. V. Urbanization and Economic Development [J] . Annals of Economies and Finance, 2003 (4): 275 – 341.

[231] Hulten C. , Bennathan E. , Srinivasan S. Infrastructure, Externalities, and Economic Development: A Study of the Indian Manufacturing Industry [J]. World Bank Economic Review, 2006, 20 (2): 291 – 308.

[232] Isard W. Location and Space – economy [M] . Massachusetts: The MIT Press, 1956.

[233] Jean Dubé, Diègo Legros. A Spatial Difference – in – Differences Estimator to Evaluate the Effect of Change in Public Mass Transit Systems on House Prices [R] . Transportation Research Part B, 2014: 24 – 40.

[234] Johansson Börje, Quigley John M. Agglomeration and Networks in Spatial Economies [J] . Papers in Regional Science, 2004, 83 (1): 165 – 176.

[235] John E. Hasse, Richard G. Lathrop. Land Resource Impact Indicators of Urban Sprawl [J] . Applied Geography, 2003, 23 (2/3): 159 – 175.

[236] Johnston J. Econometric Methods (3rd ed.) [M] . New York: McGraw – Hill, 1984.

[237] Juan P. B. S. , Daniel R. O. H. Transport Accessibility and Social Inequi-ties: A Tool for Identification of Mobility Needs and Evaluation of Transport Investments [J] . Journal of Transport Geography, 2012, 24 (3): 142 – 154.

[238] Krugman P. Increasing Returns and Economic Geography [J] . Journal of Political Economy, 1991, 99 (3): 483 – 499.

[239] Krugman P. What's New about the New Economic Geography? [J]. Ox-ford Review of Economic Policy, 1998, 14 (2): 7 – 17.

[240] Krugman P. Increasing Returns and Economic Geography [J] . Journal of

Political Economy, 1991a, 99 (3): 483 – 499.

[241] Kunzmann K. R. , Wegener M. The Pattern of Urbanization in Western Europe 1960 – 1990 [J] . Universitat Dortmund, 1991 (18) .

[242] Lampard E. Economic Development and Cultural Change [M] . Chicago: The University of Chicago Press, 1955.

[243] LeSage P. , Pace R. Introduction to Spatial Econometrics [M]. Florida: CRC Press, Taylor & Francis Group, 2009.

[244] LeSage P. The Theory and Practice of Spatial Econometrics [Z]. A Manual to Accompany the Spatial Econometrics Toolbox. Available at: www. Spatialeconometrics. com.

[245] Lewis W. A. Economic Evelopment with Unlimited Supplies of Labour [J]. The Manchester School, 1954, 22 (2): 139 – 191.

[246] M. G. Boarnet. Spillovers and the Locational Effects of Public Infrastructure [J] . Journal of Regional Science, 1998, 38 (3): 381 – 400.

[247] Mahutga M. C. , Ma X. , Smith D. A. Economic Globalization and the Structure of the World City System: The Case of Airline Passenger Data [J] . Urban Studies, 2010, 47 (9): 1925 – 1947.

[248] Manuel Castells. The Rise of the Network Society [M] . Oxford: Black well Publishing Ltd, 2010.

[249] Massimiliano Call, Carlo Menon. Does Urbanization Affect Rural Poverty? Evidence from Indian Districts [J] . World Bank Economic Review, 2003, 27 (2): 171 – 201.

[250] Meijers E. From Central Place to Network Model: Theory and Evidence of a Paradigm Change [J] . Northam Ray M. Urban Geography. New York: John Wiley & Sons, 1979: 65 – 67.

[251] Meyer D. R. A Dynamic Model of the Integration of Frontier Urban Places into the United States System of Cities [J] . Economic Geography, 1980 (56): 39 – 120.

[252] Moran P. A. The Interpretation of Statistical Maps [J] . Journal of the Royal Statistical Society, 1947, 10 (2): 243 – 251.

[253] Murayama Y. The Impact of Railways on Accessibility in the Japanese Ur-

ban System [J] . Journal of Transport Geography, 1994, 2 (2): 87 – 100.

[254] Parent O. , LeSage P. A Spatial Dynamic Panel Model with Random Effects Applied to Commutin Times [J] . Transportation Research Part B Methodological, 2010, 44 (5): 633 – 645.

[255] Quigley J. M. Urbanization, Agglomeration, and Economic Development [R] . World Bank Working Paper No. 19, Commission on Growth and Development, 2008: 19.

[256] Rigg J. , Bebbington A. , Gough K. V. , et al. Reshapes Economic Geography: Geographical Reflections [J] . Transactions of the Institute of British Geographers, 2009, 34 (2): 128 – 136.

[257] Spence N. , Linneker B. Evolution of the Motorway Network and Changing Levels of Accessibility in Great Britain [J] . Journal of Transport Geography, 1994, 2 (4): 247 – 264.

[258] Vinciguerra S. , Frenken K. , Valente M. The Geography of Internet Infrastructure: An Evolutionary Simulation Approach Based on Preferential Attachment [J]. Urban Studies, 2010, 47 (9): 1969 – 1984.

[259] W. W. Rostow. The Stages of Economic Growth a Non Communist Manifesto [M] . Cambridge University Press, 1960.

[260] Wong D. W. S. Several Fundamental Sinimplementing Spatial Statistics in GIS: Using Centro Graphic Measure Sas Examples [J] . Geographic Information Sciences, 1999 (2): 163 – 173.